피투성이가 되어도 살라
저 장미꽃 위의 이슬처럼

피투성이가 되어도 살라

저 장미꽃 위의 이슬처럼

손문미

한사람

피투성이가 되어도 살라
저 장미꽃 위의 이슬처럼

초판1쇄 발행 2024년 11월 4일

지은이 **손문미**

펴낸이/ 우지연 편집/ 나란히 송희진 그림/ 김선희 디자인/ 샘물
마케팅/ 스티븐jh 경영/ 박봉순 강운자
펴낸곳/ 한사람 등록번호 제2020-000022호
등록일자 2020년 1월 30일 주소 경기도 의왕시 안양판교로 221, 401호
홈페이지 https://hansarambook.modoo.at
블로그 https://blog.naver.com/pleasure20
ISBN 979-11-92451-35-0 (03230)

ⓒ 저자와의 협약으로 인지는 생략했습니다.
이 책의 저작권은 저자와 독점계약한 한사람 출판사에 있습니다.
무단전재와 무단복제를 금합니다.
잘못 만들어진 책은 구입하신 서점에서 바꿔드립니다.

추천사

\ 이상명 박사
California Prestige University (미주장로회신학대학교) 총장

현대인이 겪는 정신질환은 의학의 눈부신 발전이 무색할 정도로 급등하고 있습니다. 유행병처럼 번지고 있는 다양한 정신장애는 미국 사회의 어두운 단면입니다. 미주 지역 이민자들의 심리적 불안과 정신적 고통 또한 갈수록 증폭되고 있습니다. 이러한 추세 가운데 미주 한인 청소년들의 정신건강에 적신호가 켜진 것은 오래되었고 그 장애 증상도 다양하고 복합적입니다. 미주 지역 기독 한인 청소년들의 정신건강을 해치는 여러 요인들은 넓게는 미국 사회의, 좁게는 미주 한인 가정과 교회의 문화적, 구조적 문제와 결코 무관하지 않습니다.

이 책은 다양한 정신적 위기에 노출된 미주 한인 기독 청소년들을 상담하면서 저자가 기록한 생생한 대화록(verbatim) 중심의 사례를 재구성한 이야기로 채워져 있습니다. 이 책은 격렬한 '질풍노도의 시기'를 건너는 미주 한인 청소년의 내면세계를 들여다볼 수 있는 '윈도우'와도 같습니다.

저자는 이 책의 여러 사례를 통해 우리 주변에 정신적 위기와 장애를 경험하는 청소년들의 혼란한 내면세계의 질서를 바로잡아 치유로 이끌 수 있도록 우리를 안내합니다. 자녀는 한인 가정, 교회와 사회는 물론 미래의 꿈나무이면서 동시에 하나님이 우리에게 위탁하신 최상의 선물입니다. 한인 청소년들을 양육하는 크리스천 부모와 교회 지도자라면 필히 일독해야 할 도서로 이 책을 추천합니다.

\ Scott D. Edgar
Ph. D. Liberty University Doctoral Mentor and Professor

As a doctoral mentor at Liberty University, it has been my privilege to walk with Dr. Son as she developed, conducted, and presented the findings of her dissertation research. Her research reflects both the mind of a scholar and the heart of a parent as she presents a credible and compassionate guide to understanding and addressing the mental health challenges of Korean Christian youth. Incorporating the disciplines of cultural psychology, developmental psychology, counseling practice, and Christian faith, this book will serve as a valuable resource for Christian youth, their parents, church leaders, and Christian counselors as a guide to supporting Korean Christian youth during the challenging season of adolescence and youth adulthood. This book will provide tools for intervening in the lives of Korean youth who are experiencing a mental health crisis. In addition, this book will provide a proactive framework for parents in creating a nurturing, grace-based, supportive, and holistic environment as they guide their adolescent children to adulthood.

리버티 대학교에서 박사 과정 멘토로서, 손 박사가 그녀의 논문 연구를 개발하고 수행하며 그 결과를 발표하는 과정을 함께 할 수 있어 영광이었습니다. 그녀의 연구는 학자의 사고와 부모의 마음을 모두 반영하며, 한국 기독교 청소년들의 정신건강 문제를 이해하고 해결하는 데 있어 신뢰할 수 있는 친절한 안내서를 제공합니다. 이 책은 문화 심리학, 발달 심리학, 상담 실천, 그리고 기독교 신앙의 분야를 통합하여 청소년들을 지원하는 데 있어 기독교 청소년, 그들의 부모, 교회 지도자, 그리고 기독교 상담사들에게 귀중한 자원이 될 것입니다. 또한 한국 청소년들이 정신건강 위기를 겪고 있는 한인 청소년들의 삶의 회복에 개입하기 위한 도구로 제공될 것입니다. 무엇보다, 이 책은 부모가 자녀를 성인으로 성장시킬 수 있도록 돕기 위해 양육적이고 은혜 중심이며, 자녀를 지원하고 건강한 성장을 위한 전인적인 환경을 만드는 데 필요한 사전 예방적 틀을 제공하고 있습니다.

\ 김철민 장로

미국 CMF Ministries (크리스찬 결혼 가정 사역원) 대표
전, 미국 우주 항공 연구소 (NASA: Aerospace Corp) 선임 연구원

저자 손문미 박사는 사모, 상담자, 무용선교사, 교수 등 다양한 역할을 수행하며 진실하고 충성된 하나님의 사람으로 활동하고 있습니다. 그녀의 꿈은 정신건강 위기에 처한 개인이나 가정들을 공감과 위로를 통해 살아갈 용기를 주는 것입니다. 그녀는 죽어가고 고통받는 개인이나 가정이 살아나길 소망합니다. 미국 리버티 대학에서 각 8가정의 사례를 연구하며 정신건강을 치료하기 위한 심리학적 이론을 정립하고 상담학 박사학위를 받았습니다.

특별히 이 책은 한인들에게도 보급되어 치유 받는 가정이 많이 생기기 바라며 한국어로 출간했습니다. 이 책은 일반적인 상담책이 아닙니다. 저자 자신이 하나님의 도움을 받아 해결한 실제적인 간증과 상담을 통해 변화된 사례들을 담고 있습니다. 또한 정신건강의 위기에 처한 자녀들의 부모가 갖는 고통의 생생한 경험을 제공합니다. 그러기에 많은 정신건강 문제를 가진 개인, 그리고 가정에 큰 도움이 될 것으로 믿으며, 강력히 추천합니다.

\ 오상철 박사

연세대학교 대학원 문화인류학과 교환교수

손문미 박사가 지은 이 책을 기쁜 마음으로 추천합니다. 마치 하나님이 성육신하셔서 인간의 모습으로 오셔서 힘들고 상처받은 영혼들을 만지시고 치유하신 것처럼, 이 책에는 손 교수의 강점인 상처받은 한 영혼을 붙잡고 자신을 던지는 아름다운 행동이 잘 드러납니다. 동시에 전문적인 이론과 실천이 동시에 발현되는 책입니다. 수많은 케이스 스터디의 모형들은 독자들의 가슴을 터치하는 내용으로 구성되어 있으며, 아프고 상처받은 사람들이 장미꽃 위의 이슬이 될 것입니다. 또한 이 책은 청소년과 청년뿐만 아니라 학부모와 교사들도 필독해야 할 필수 도서입니다. 미주와 한국에 있는 독자들이 꼭 이 책을 읽어 건강한 가정과 행복한 학교생활을 이루기를 바라며, 새로운 치유의 역사가 나타날 것입니다.

\ 박순자 교수

숙명여자대학교 무용과 명예교수

저자는 2002년부터 저와 동행하며 수십 년간 복음을 전하는 춤추는 전도자로 사역하며, 무용 치료 전문가로서도 두각을 나타내고 있습니다. 또한 가정 상담학에 깊이 있는 전문 지식을 바탕으로 가정과 정신건강의 어려움을 겪는 영혼들을 치유하는 특별한 사역을 이어오고 있습니다.

이 책은 정신건강 위기 속에서 고통받고 있는 8명의 청소년의 생생한 경험을 대화체로 진솔하게 담아내고 있습니다. 저자는 상담 전문가로서의 풍부한 지식과 실제 사례를 통해 독자들에게 청소년들이 겪는 심리적 고통에 대한 깊은 이해를 제공합니다. 정신건강 문제로 힘들어하는 청소년들과 그 가족, 기독교 상담가, 그리고 교회 지도자들에게 이 책은 반드시 필요한 필독서입니다.

또한 이 책을 통해 우리는 고통받는 영혼들에게 선한 영향력을 미칠 수 있을 것이라 믿습니다. 고통 속에서도 희망을 찾고자 하는 모든 이들에게 이 책은 치유의 메시지를 전하는 소중한 안내서가 될 것을 확신하며 추천합니다.

\ 이동성 목사

강북제자교회

이 책을 집어 든 순간, 저는 8명의 청년들의 마음 깊은 곳에서 울려 나오는 목소리를 듣게 되었습니다. 그리고 저의 가정에서 고통으로 힘겨워하는 아들과 딸의 외침처럼 들렸습니다. 아마도 이 책을 읽는 모든 이들이 저와 같은 감동을 경험할 것이라고 확신합니다. 이 책을 통해 독자들은 먼저 자신의 마음을 치유하고 용서받는 과정을 통해 아픔을 겪고 있는 청소년들과 진정한 대면을 하게 될 것입니다.

또한 청소년들이 겪는 복합적인 심리적 고통의 원인을 단순히 분석하는 것에 그치지 않고, 우리 가정과 일상에서 만나는 청소년들의 생생한 상처를 담아내어 그들의 고통을 우리 삶 속에서 있는 그대로 마주하게 합니다. 손 박사님은 이러한 접근을 통해 청소년들을 공감으로 끌어내는 탁월한 통찰을 제공하고 있습니다.

그래서 정신건강 문제로 어려움을 겪는 청소년들의 내면을 깊이 이해할 수 있도록 도와주며, 상담 전문가뿐만 아니라 부모와 교사들에게도 큰 도움이 될 것입니다. 박사님의 오랜 연구와 현장에서의 경험이 집대성된 이 책은 청소년들의 정신건강을 위해 헌신하는 이들에게 귀중한 지침서가 될 것입니다. 청소년들의 복잡한 내면세계에 공감하고 그들이 더 건강한 미래로 나아가도록 돕고자 하는 모든 이들에게 이 책을 진심으로 추천드립니다.

\ 강 조나단 박사

미국 임상심리학 박사 & LCP (Licensed Clinical Psychologist)

이 책은 정신건강 위기에 처한 한인 기독교 청소년들의 심리적 고통을 깊이 있게 탐구했으며, 고통의 깊이를 이해하고 그 속에서 희망의 메시지를 전달하는 데 중점을 맞추고 있습니다. 저자는 청소년들이 겪는 다양한 심리적 어려움에 대해 생생한 사례와 함께 진솔하게 다루며, 그들의 목소리를 적극적으로 반영합니다. 독자들은 이를 통해 청소년들이 느끼는 고통의 실체와 그로 인한 사회적, 정서적 영향을 깊이 이해할 수 있게 됩니다.

또한 이 책은 기독교적 관점에서 청소년들의 회복과 치유를 위한 실질적인 통찰을 제공합니다. 상담가, 부모, 그리고 교회 지도자들은 이 책을 통해 청소년들의 심리를 이해하고, 그들을 지원하는 데 필요한 지혜를 얻을 수 있을 것입니다. 정신건강의 위기를 겪고 있는 청소년들과 그들의 가족, 그리고 이들을 돕고자 하는 모든 이들에게 이 책은 필독서로 추천합니다. 고통 속에서도 희망의 길을 찾고자 하는 이들에게 귀중한 안내서가 될 것입니다.

\ 한진 박사

Fuller Theological Seminary, Ph. D., Marriage and Family

저자 손문미 박사는 고통 속에 소외된 교인들에게 사랑과 헌신으로 다가가, 기도와 상담을 통해 수많은 이들에게 치유의 손길을 전하는 사역에 헌신해 왔습니다. 상담학을 가르치는 교수로서 손 박사는 상담과 치유 사역에 대한 분명한 비전을 제시하고 있으며, 아픈 영혼을 위한 특별한 사랑과 열정을 품고 있습니다. 그녀의 깊은 인간 이해와 진정한 사랑은 상처받은 영혼의 회복에 대한 강렬한 열망으로 이어지고 있습니다.

무엇보다도 손 교수는 만나는 모든 이들에게 겉치레 없이 편안하고 진솔한 대화를 나누며, 상대방의 마음을 쉽게 열게 만드는 상담의 능력을 지니고 있습니다. 이러한 훌륭한 소통 능력을 바탕으로, 현장에서 직접 경험한 상담 사례들을 기독교 상담으로 치유하는 과정을 구체적으로 서술하여 이 책이 출판되었습니다.

그래서 이 책은 심리적 고통과 영적 방황 속에 있는 많은 청소년과 청년들의 아픔에 깊이 공감하며, 마음의 고통을 겪는 이들에게 도움이 되고자 애쓰는 부모님들과 교역자들에게 큰 지혜와 방향성을 제공할 것입니다. 저자의 진정한 사역과 헌신이 깃든 이 책을 적극 추천합니다.

\ 고병인 소장

고병인가족상담연구소 소장
전, 한세대학교 영산신대원 목회상담 교수
한국기독교상담심리학회 4대증경회장/감독
한국상담학회 수련감독
Fuller Theological Seminary D. Min.

사람들은 지원, 보살핌, 안내, 사랑, 정서적, 영적 성장을 구하기 위해서 다음과 같은 자연스러운 관계들에 의존합니다.

- 가족과 친구 관계: 우리는 가족이나 친구와 관계를 맺으면서 일상적인 친밀감의 욕구를 충족합니다. 우리는 이러한 사람들로부터 피드백을 받으면서 더 좋은 자아감을 발전합니다.
- 보다 높은 영적 존재와의 관계: 보다 높은 영적인 힘과 맺는 관계를 통해서 우리는 자연의 질서와 흐름을 지각하고 수용하는 방법을 배웁니다. 그러면서 세상과 다른 생물들 가운데서 우리가 차지하는 중요한 위치를 보는 법을 배우지만 또한 우리가 인류의 작은 부분에 지나지 않는다는 사실도 배웁니다.
- 자아와의 관계: 자신을 돌보는 관계를 맺음으로써 우리는 자신을 사랑하고 양육하는 능력을 배웁니다. 어려울 때 자신에게 의존할 수 있다고 생각하는 능력이 생깁니다. 우리는 자신과의 관계를 통해서 긍정적이든 부정적이든 변화에 대해서 가장 많이 배웁니다.
- 공동체와의 관계: 우리가 몸 담고 있는 여러 공동체(가정 공동체, 직장 공동체, 학교 공동체, 교회 공동체)와의 관계를 통해서 우리는 자신과 다른 사람에 대한 책임감을 배웁니다. 보다 넓은 시야로 관계를 보는 방법도 배웁니다. 사회에 이바지하는 방

법, 얻어가는 방법, 보살핌을 주고받는 방법, 독립적으로 살아가는 방법을 배웁니다.

본문에 등장하는 주인공들은 위의 네 가지의 관계를 형성하지 못하는 사람들입니다. 이들은 외로움을 달래기 위한 수단으로 중독과 정신질환에 의존한 사람들입니다. 관계를 배우는 곳은 가정입니다. 역기능 가정의 환경에서 성장한 성인 아이들은 중독자와 정신질환자가 될 확률이 매우 높습니다. 저자는 이러한 역기능 가정의 기능을 가족 상호 간의 막힌 대화를 풀게 하고 이해와 친밀감을 형성하여 중독자와 정신질환자의 가정을 회복시키는 과정을 생생하게 보여주고 있습니다.

\ 이상용 목사
순복음노원교회 담임

현대 사회에서 정신 건강 문제는 점점 더 심각하게 대두되고 있습니다. 특히 청소년과 청년들이 겪는 정신적 고통은 그들의 삶에 심각한 영향을 미치고 있으며, 이는 가족과 사회에까지 영향을 미칩니다. 이 책은 그런 현실을 직시하고, 고통 속에 있는 이들의 목소리를 조명하는 중요한 안내서입니다.

저자는 다양한 사례를 통해 마음의 아픔을 겪고 있는 많은 사람들의 이야기를 생생하게 전달하고 있습니다. 20대 청년들이 맞닥뜨리는 절망적인 상황은 결코 개인의 문제로 국한되지 않으며, 우리 사회의 공동 책임임을 깨닫게 합니다. 자살이라는 극단적 선택이 우리 주변에서 얼마나 빈번하게 발생하고 있는지를 잘 보여주며, 이는 우리가 귀 기울여야 할 필요성과 함께, 이들을 향한 하나님의 은혜와 교회의 돌봄이 절실함을 일깨워 줍니다.

그래서 저자는 믿음의 힘을 강조합니다. 극단적인 상황 속에서도 창조주 하나님을 기억하고, 그 믿음을 통해 삶의 희망을 다시 찾은 청년들의 이야기는 독자에게 깊은 감동과 위로를 전달합니다. 이러한 메시지는 우리 모두가 복음을 적극적으로 전파해야 할 이유이기도 합니다. 이 책을 통해 교회는 어려움을 겪는 이들에게 따뜻한 손길과 진심 어린 이해심을 나누는 방법을 배울 수 있을 것입니다.

또한 부디 이 책을 통해 아픔 속에 있는 자신의 삶을 돌아보는 계기가 되기를 바랍니다. 우리가 서로의 아픔을 이해하고 나누는 소중한 시간이 되기를 진심으로 기원합니다. 이러한 과정이 고통을 경감시키고, 서로에게 더 깊은 연대를 심어주는 계기가 될 수 있으리라 생각합니다. 우리는 하나님이 주시는 은혜의 힘으로 함께하는 가운데 서로의 아픔을 극복할 수 있습니다.

　마지막으로 "피투성이가 되어도 살라"는 저자의 강렬한 메시지는 우리에게 삶의 소중함을 다시금 일깨워 줍니다. 고통을 견디며 새로운 희망의 싹을 틔우자는 이 말은, 모든 독자에게 깊은 울림을 줄 것입니다. 이 책은 단순한 이야기 그 이상으로 모든 기독교인들이 함께 생각하고 나눠야 할 중요한 증언입니다.

차례

프롤로그 　**사람을 이해한다는 것은** • 018

제1장 🍃 아무도 모르는 죽을 것 같은 고통, 공황장애
　　　　_ 리브가 이야기　▪ 027

제2장 🍃 사람들 앞에서 말하는 것이 두려워요,
　　　　죽을 것 같은 수치심 _ 라헬 이야기 ▪ 039

제3장 🍃 타인의 시선에 맞추어야 할 것 같아요
　　　　_ 나오미 이야기　▪ 057

제4장 🍃 I Can Do Something. 죽을 결심을 한 날
　　　　_ 에스더 이야기 ▪ 075

제5장 🍃 자해의 습관은 사실 사랑을 원하는 거예요
　　　　_ 앤드류 이야기 ▪ 093

제6장 🍃 뭐든지 끝까지 할 수 없어요
　　　_ 제임스 이야기 ▪ 109

제7장 🍃 제 말 좀 들어주세요! 저는 살고 싶어요
　　　_ 그레이스 이야기 ▪ 127

제8장 🍃 무서운 중독, 저는 도움이 필요했어요!
　　　_ 요셉 이야기 ▪ 143

제9장 🍃 자녀의 정신건강 위기를 겪은
　　　어느 부모의 고백 ▪ 159

제10장 🍃 정신건강 위기의 청소년과 청년들 ▪ 177

    1. 정신건강 위기의 청소년 ▪ 179

    2. 정신건강 위기 치료의 필요성 ▪ 182

    3. 정신건강의 위기 경험 이해하기 ▪ 184

제11장 🍃 마음이 아픈 청소년·청년들을 어떻게 도울 수 있을까요? ▪ 187

    1. 청소년 정신건강 문제 성찰 ▪ 189

        1) 심리적 고통에 따른 학교 부적응에 대한 이해 ▪ 190

        2) 정신과 치료에 대한 오해와 편견 ▪ 192

        3) 한국의 가정 스타일과 유교 문화의 영향 ▪ 194

        4) 교회의 정신건강 위기에 대한 인식 부족 ▪ 196

2. 정신건강 치료 및 회복을 위한 제안 ▪ 199

1) 청소년의 정신건강 위기에 대한 올바른 이해의 필요성 ▪ 200

2) 친밀한 정서적 관계 연결 개입의 필요성 ▪ 201

3) 자살 위험성에 대한 개입 필요성 ▪ 203

4) 정신건강 치료 접근의 중요성 ▪ 204

5) 기독교 상담에 대한 접근 ▪ 205

6) 교회의 정신건강 위기 접근 시스템 ▪ 207

3. 마음이 아픈 청소년의 심리적 고통과 신앙의 영향 ▪ 209

에필로그 장미꽃의 이슬처럼 오늘도 아침이 찾아옵니다 ▪ 212

감사의 글 ▪ 217

참고문헌 ▪ 221

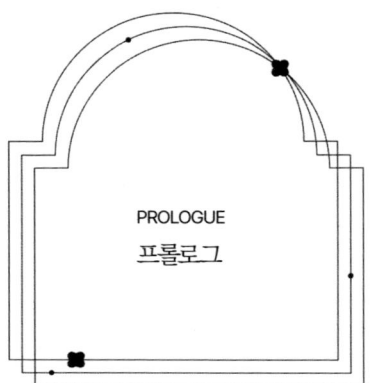

PROLOGUE
프롤로그

어느 날, 한 청년이 직장 상사에게 자존심이 심하게 상처를 받고 상담을 요청했습니다. 그녀는 자신이 다른 사람들 앞에서 '개처럼' 꾸중을 들었다고 했습니다. 그녀는 직장에서 그런 경험이 흔하다고 믿었고 많은 어려움을 겪었지만 그날만큼 어려운 일은 처음이라고 고백했습니다.

그 사건 이후 그녀의 자존감은 급격히 떨어졌습니다. 혼자 있을 때조차 그녀는 계속 울었고 부끄러움에 몸부림쳤습니다. 그 후 며칠 동안 울고 잠을 이룰 수가 없었고 종종 자신의 비참함 때문에 자살을 생각했다고 했습니다. 평상시 이런 생각들이 들 때면 무시했지만 이번에는 삶에서 벗어나 죽고 싶은 마음이 압도적이었다고 했습니다. 놀랍게도 이 청년은 아무도 그녀에게 죽고 싶은 감정을 느끼도록 가르쳐 주지 않았음에도 불구하고 초등학교 2학년 때부터 자살 충동에 대한 생각과 씨름했습니다.

표면적으로 그녀는 다른 사람들과 잘 지내고 학교와 직장을 모두 유능하게 관리하는 것처럼 보였습니다. 그러나 마음 깊은 곳에서는 마치 자신이 혼자인 것처럼 끊임없이 공허함과 외로움을 느꼈습니다. 그녀의 친구들은 모두 성공하고 재정적으로 안정된 것처럼 보였기에 그로 인해 자신이 실패자처럼 느꼈습니다. 누구에게도 자신의 속마음을 이야기할 곳이 없었습니다. 그녀는 사람들과 교제하고 집에 오면 압도적인 공허감을 느꼈습니다. 무엇인지 모를 허무함에 순간 쉬

고싶다는 느낌이 들면서 그 순간 자살에 대한 생각이 스며 들었습니다. 이로 인해 주변 사람들과 관계가 자주 끊고 잠수를 타는 일들이 자주 있었습니다.

그날도 직장에서 자존심이 산산이 조각난 것을 느꼈을 때, 그녀는 "저는 아무런 감정도 느끼지 못하겠고, 왜 살아야 하는지 정말 모르겠어요" 하고 말한 뒤로 연락이 되지 않았습니다. 그 이후 청년이 걱정이 되어서 "내가 네 곁으로 지나갈 때에 네가 피투성이가 되어 발짓하는 것을 보고 네게 이르기를 너는 피투성이라도 살아 있으라 다시 이르기를 너는 피투성이라도 살아 있으라"의 성경 말씀을 보냈습니다 (겔 16:6).

그날 밤, 청년은 여러 바닷가를 따라 차를 몰고 가며 자신의 삶을 끝낼 곳을 찾아다니고 있었습니다. 자살 생각에 압도당한 채 피투성이가 되어 바닷가로 들어가려고 발짓을 하고 있을 때 "피투성이가 되어도 살아 있으라"는 메세지를 받았습니다. 그리고 그 자리에 주저앉아 한참을 울었습니다. 새벽이 밝자 그녀는 근처 장미에 이슬이 반짝이는 것을 보았습니다. 그 순간 그녀는 어둠과 고통도 참으면 결국 지나간다는 것을 깨달았습니다. 밤이 지나면 필연적으로 새로운 날이 밝아올 것이라는 것을 깨닫기 시작했습니다. 매일 밤마다 길고 긴 어두운 고통의 시간도 지나면 희망이 있다는 것을 알았습니다.

지금도 누군가는 피투성이가 되어 죽고 싶어 발짓을 하면서 온 밤을 아픔의 고통과 싸우고 있을 것입니다. 그러나 아침은 곧 찾아옵니다. 이 책은 깊은 상처와 고통에 직면한 8명의 청소년과 청년들 그리고 그들과 함께 걸었던 한 명의 부모의 경험 이야기를 공유하고 있습니다. 그래서 생생한 말(verbatim) 그대로의 대화이며, 어둠 속에서 힘겹게 싸운 사람들의 고통스러운 여정이라 할 수 있습니다. 이들은 고통속에서 자신들을 이해해 줄 수 있는 한 사람을 갈망했다고 합니다. 누군가 한 사람이 그 고통을 이해하면 어둠은 사라지고 새로운 아침이 찾아온다는 것을 본능적으로 아는 걸까요?

미국 리버티 대학교의 상담학 박사이자 저의 멘토링 교수인 Dr. Edgar는 어느 날 제게 이런 질문을 했습니다. "상담사로 사람을 치료하기 위한 첫 번째가 무엇이라고 생각하나요?" 저는 이 질문에 쉽게 답하지 못했습니다. 그동안 박사 과정에 오기까지 수많은 책을 읽고 많은 과목을 배웠으며, 많은 사람을 상담하고 임상했지만, 이 질문에 한참을 생각하지 않을 수 없었습니다. 저는 아픈 사람들을 돕고 싶어 상담사, 치료사의 길로 접어들었지만, 그 치료의 첫 번째 관문에서 어떻게 해야 하는지 모르고 있었습니다.

Dr. Edgar는 사람을 치료하기 위한 첫 시작은 마음이 아픈 한 사람을 이해(Understanding)하는 것이라고 했습니다. 한 사람의 이야기를 그대로 듣고 그대로 믿어 주는 일입니다. 상담사들이 자칫 실수할 수 있는 것은 아픈 사람들을 고치는

(fix) 것에 상담의 기술을 사용하는 일이라 했습니다. 이것은 오히려 아픈 사람들을 치료하는 것이 아니라 더 아프게 할 수 있다고 했습니다. 아픈 사람들을 돕고 싶고 그 사람들을 치료하고 싶다면 먼저 그 사람을 이해하는 것입니다. 이것이 치료의 첫 번째 관문입니다.

그렇다면 사람을 이해하는 것은 무엇일까요? 그 사람에 대해 배우는 것입니다. 그 사람이 현재 말하는 것, 생각하는 것, 환경, 가족, 상황들을 그대로 들어 주고 믿어 주는 것입니다. 외롭다고 하면 외로운 것입니다. 우울하다고 하면 우울한 것입니다. 운동을 안 해서 우울한 것이 아닙니다. 공부를 못 한다면 못하는 것입니다. 공부를 열심히 안 해서 공부를 못하는 것이 아닙니다. 정신건강의 위기의 한 사람이 심리적 고통에 호소할 때 그것을 그대로 수용해 주는 것, 그것이 이해하는 일입니다. 정신건강 위기의 아픈 사람들에게는 이해해 주는 그 한 사람이 필요합니다.

이 책은 정신건강의 위기에 있는 한 사람의 심리적 고통에 대한 생생한 경험의 현상 이야기를 있는 그대로 듣고 수용하고 그들의 아픔을 이해하기 위합니다. 만약 누군가가 정신건강의 위기의 한 사람을 회복을 돕고 싶다면 그 사람의 아픔에 대해서 이해하는 것이 치료의 첫 번째 시작일 것입니다.

저는 Marriage & Family Counseling 박사로 미주 한인 정신건강 심리상담사로 많은 청소년, 청년 그들의 부모들을 상담하고 있습니다. 제가 만난 청소년들

대부분은 우울증과 불안을 경험하였고 자살을 시도한 경험이 있다고 고백했습니다. 저는 다년간 그들을 상담하면서 그들의 정신건강의 위기 원인이 무엇인지 그리고 심리적 고통에서 치료적 접근은 어떻게 적용했는지에 대해 나누고 싶었습니다.

정신건강의 위기를 이해하기 위해서는 그들의 개인, 가정, 학교, 종교, 일상생활에 대한 그들의 생생한 이야기가 필요합니다. 그리고 정신건강 위기의 고통을 이해하기 위해서는 그들의 생생한 경험의 이야기를 전달하는 것이 중요했습니다. 이야기는 정신건강을 겪은 아이와 가정을 살리는 길이 됩니다. 특히 한인 청소년들의 정신건강 위기는 그들의 가족 특성과 연관성에 뿐만 아니라 한인 가족의 문화적 특성이 자녀들에게 미치는 영향이 있음을 알게 되었습니다.

앞으로 전개될 여덟 명의 한인 기독교 청소년들의 정신건강 위기에서 그들이 겪는 심리적 고통에 대한 실질적인 진술에 기반을 두고, 개인의 현실에 존재하는 그들의 현실을 이해하게 될 것입니다. Wu et al.(2009)에 따르면 한인 청소년들은 교육, 성취에 대한 높은 기대로 인해 가족과의 갈등이 고조되어 스트레스 수준이 높다고 합니다. 대부분의 한인 부모는 자녀의 성공을 통해 대리 만족으로 보상 메커니즘의 영향을 받습니다(Seo & Koro-Ljungberg, 2005).

한인 청소년의 정신건강 위기가 그들의 삶에 개인적으로 가정적으로 어떤 영향을 미쳤는지 심층적으로 자기 경험을 이야기하고 공유하는 것만으로도 우리는 배우는 게 있을 것입니다. 그리고 한인 기독교 청소년 정신건강의 위기로 영향을 받는 그들 자신과 한인 기독교 청소년의 치료 전략을 제공하는데 단서가 돼 주리라 확신합니다. 이 책을 통해 정신건강 위기에 처한 한인 청소년들이 직면하는 특정 문제와 심리적 고통에 기여하는 요인을 이해하는 데 중요한 의미가 되었으면 좋겠습니다.

또한 이 책의 등장하는 리브가, 라헬, 나오미, 에스더, 그레이스, 앤드류, 제임스, 요셉은 익명성과 기밀성을 보장하기 위한 가명입니다. 인터뷰에 참여한 미주 한인 기독교 청소년들(18세~24세)은 그들의 가족과 함께 한인 이민 문화의 배경을 갖고 있습니다. 참가자들 2명은 미국에서 태어났으며 6명은 한국에서 태어나 8살~10살 사이에 미국으로 이민 왔습니다. 그들은 미국 2세와 1.5세로 모두 대학생이며 태어날 때부터 혹은 어릴 적부터 한인 이민교회 출석 경험이 있습니다.

1 아무도 모르는 죽을 것 같은 고통, 공황장애

리브가 이야기

공황장애 증상은요. 일단 영혼과 몸이 분리되는 느낌이에요. 맥박이 빨라지고, 심장 소리가 들리고, 토할 것 같고, 어지럽고, 배도 아프고, 머리도 아프고, 땀도 나고, 다리도 떨리고요. 공황장애는 정신이 나가는 느낌을 줘요. 언제 발작이 오는지 모르니까요. 그래서 불안해지고요. 제 생각에 저는 약점을 보여서는 안 된다고 생각했었어요.

스물한 살의 리브가는 한국에서 태어났으며 8살에 가족과 함께 미국 이민을 왔다. 그녀는 부모님이 미국에 이민을 가자고 할 때 가기 싫었지만 어쩔 수 없이 가족을 따라왔다고 했다. 그녀는 캘리포니아 L.A. 인근 초등학교 2학년 때부터 미국 학교생활에 적응하기 시작했으며 현재는 캘리포니아 주립대학에 3학년이다. 그녀의 가정은 미국 캘리포니아 남가주에서 목회하는 아빠와 전도사 엄마, 그리고 2살 많은 오빠가 있다.

리브가는 중학교 3학년 때 처음으로 정신건강의 문제를 경험했다.

"처음 기억나는 건 8학년 밤에 공황장애가 왔는데 그게 발작인지 몰랐어요. 그날 밤을 새우고 이게 나중에 공황장애라는 걸 알았어요. 그러다가 고등학교 때 제일 심했던 것 같아요. 공황장애가 왜 찾아오는지 나도 모르겠어요. 스트레스일까요?"

리브가는 공황장애를 마치 죽을 것 같은 병이라고 했다.

"공황장애 증상은요. 일단 영혼과 몸이 분리되는 느낌이에요. 맥박이 빨라지고, 심장 소리가 들리고, 토할 것 같고, 어지럽고, 배도 아프고, 머리도 아프고, 땀도 나고, 다리도 떨리고요. 공황장애는 정신이 나가는 느낌을 줘요. 언제 발작이 오는지 모르니까요. 그래서 불안해지고요."

그녀는 공황 발작이 생길까 봐 늘 긴장 상태였으며 책을 읽어도 머리에 들어오지 않아 학업에 집중할 수 없었다고 했다.

"학업에 엄청나게 영향을 미쳤어요. 집중하고 싶어도 집중이 되질 않았어요. 집중하고 싶은데, 집중이 안 되니깐 3시간을 버티고 앉아 있어도 책을 읽는데 읽히지 않았어요. 분명히 읽고 있는데 머릿속에 안 들어오니까요. 그러니 점수는 계속 내려갔어요."

리브가가 미국에 도착해 미국 학교와 한인 이민교회를 다닐 때 영어를 못하는 것 때문에 매우 어려움이 컸다고 했다.

"아빠가 목사님이니까 교회에 오래 다녔어요. 그런데 처음에 한인교회가 너무 힘들었어요. 내가 아무리 그 교회에 오래 다녔다고 해도 그 애들은 내가 영어를 못한다고 인식하고 있었어요. 그래서 몇 년 후에 영어가 익숙해지고 영어를 잘한다고 생각할 때도 한인교회 사람들은 나를 한국어 밖에 못하는 사람처럼 대했어요."

그녀의 아빠가 교회의 목사이기에 교회에서 사람들과 잘 지내려고 했지만 그렇게 하지 못했다.

"저는 목사님 딸이니까요. 법과 질서를 지키고 예의를 지키는 것은 항상 있었어요. 몸에 이것이 묻어 있어요. 그건 어릴 때부터 그랬어요."

그녀는 자신이 신앙적으로 모범적인 딸로 보이기 위해 완벽해지려고 노력했으며 사람들과 겉으로는 항상 잘 내려고 했다고 한다.

"제 생각에 저는 약점을 보여서는 안 된다고 생각했었어요."

사람들과 잘 지내기 위해서는 약점을 드러내지 않아야 한다고 생각했다. 그러니 인간관계에 늘 긴장되었다고 고백했다. 게다가 자신이 겪는 공황장애와 관련해서 그녀는 아무에게도 말하지 못했다고 했다.

"저는 누구에게도 말하지 않았어요. 교회의 어느 사람에게도요. 목사님들이 크게 도움이 되지 않았어요. 목사님들과 친하지 않으니까요. 신뢰를 쌓기에는 시간이 걸리니까요. 내 사람이 아니니까요."

리브가가 8살에 가족과 함께 미국에 이민을 왔을 때, 그녀의 엄마는 가족의 생계를 꾸려 가기 위해 매우 바빴으며, 목사인 아빠는 신앙적으로 좀 치우쳐 있었기에 그녀를 돌봐 줄 시간이 없었다. 리브가의 부모님들은 그녀가 정신건강에 문제가 있는 것을 잘 몰랐고 그녀를 이해하지 못했다.

"부모님은 나에게 별로 관심이 없는 것 같았어요. 이해를 못 하는 것 같고요. 그러니까 부모님에게 정신적 문제를 얘기를 안 했어요. 그냥 그렇게 된 거지요. 자연스럽게요. 엄마는 직업적인 생계를 위한 일에 바빴어요. 그러니까 나를 봐줄 시간이 없었어요.

그러기도 했지만, 아빠는 전형적인 한국 문화가 있어서 정신건강 문제 치료 받는 것에 대해서 별로 긍정적이지 않았어요. 그런 걸 왜 받아? 약간 그런 반응이었어요. 상담 선생님이 가족 모두 상담을 받으라고 권유했는데 아빠는 절대 같이 상담받지 않는 태도였어요. 그러니까 상담받는 게 처음에는 쉽지 않았어요. 나중에는 엄마가 저에게 먼저 상담받으라고 했어요."

리브가는 정신건강 위기의 원인에 대해

"부끄러움과 수치 그런 것이 있었어요. 말하면 안 되겠다 싶었고, 내가 완전히 이상한 사람이라고 생각할 것 같았어요."

그녀는 정신건강의 문제가 잘못된 모습이라고 생각했다. 교회에서 모범적인 부모의 기대에 다른 사람들에게 좋게 보여야 했다고 고백했다.

"저의 못난 모습을 보여 주면 안 되니까요. 내가 다른 사람보다 괜찮아야 하고. 그러니까 다른 사람보다 덜떨어져 보이면 안 됐어요. 정신이라도 괜찮아야 하는데요. 옛날 한국문화는 부모들이 못하는 걸 애들한테 기대치를 넣어서요."

리브가는 공부를 잘하는 것만이 부모의 기대에 부응하고 자신의 삶을 잘 관리하는 일이라 믿고 있었다.

"부모님들은 애들은 더 잘해야 한다고 훈육하고 채찍질하잖아요. 그래서 타이거 맘이 되어 애들한테 기대하고, 압박하죠. 애들은 약간 꼭두각시 인형이 되는 것 같기도 하고요. 그러면 이제 애들이 더 잘해야 하고요. 그러면 완벽해야 하고요. 난 그런 게 있다고 생각해요."

리브가는 학교에서 공부도 잘해야 하고, 목사의 딸이기에 법과 질서도 잘 지키고, 교회 안에서 예의를 지키는 것이 당연히 여겼다. 그러다 보니 공황장애 때문에 힘들 때도 학교 선생님이나 친구들에게조차 말하지 않았다.

"학교에서 애들은 다 멍청한 것 같아요. 그래서 빨리 졸업하고 싶었어요. 애들하고 저는 맞지 않았어요. 옛날에는 인종차별도 당했고요. 그리고 그냥 나의 관심사랑 맞지 않았어요.

　가장 힘들었던 건 나는 이제 이런 애들이랑 못 어울린다고 생각하니 이게 진짜 힘들었어요. 그리고 부모가 영어를 못하니깐 무엇이든지 내가 스스로 해결해야 했어요. 엄마 아빠는 나보고 뭐든지 스스로 해결하라고 하는 거예요. 나도 모르는데요."

　리브가는 어린 나이지만 스스로 모든 것을 해야 하는 부담감이 있었다.

　"학교에 뭘 써야 하는데 나보고 쓰라고 하는 거예요. 나도 모르는데요. 나보고 쓰라고요. 부모님은 항상 나보고 뭐든지 알아서 하라고 했어요. 음식을 시켜도 나보고 시키라고 했어요. 부모님이 최선을 다했겠지만 그런데 자세한 교육관에 대해서 잘 모르니까요."

　또한 정신과에 가지 않는 것도 한국의 문화였기에 공황장애의 고통에도 치료받기를 꺼렸다고 했다.

　"한국문화는 정신과에 가는 걸 좋게 생각하지 않는 것 같아요. 몸을 다쳐서 가는 병원은 당연하게 생각하는데요. 머리를 다쳐서 가는 것, 정신이 다쳐서 가는 것은 정신병자라고 생각하는 것 같아요. 한국 사회는 좀 더 수치스러움이 강하고요.. 자기 딸이나 아들이 그랬다면 더 그런 것 같아요."

그런데도 긴 밤 아무도 모르는 죽을 것 같은 공황장애가 찾아올 때면 혼자 외롭게 버티며 하나님을 찾았다고 고백했다.

"처음에는 왜 이러지? 왜 이러지 진짜? 신세 한탄도 해보고 하나님 탓도 해봤어요, 그러다가 나중에는 하나님만 찾게 되었어요. 답이 없으니까요. 그러면서 하나님한테 매달리는 거지요."

리브가의 엄마는 딸의 공황장애를 인식하고 상담을 받기 시작했다.

"10학년, 11학년 정도에 치료받았어요. 그리고 고등학교를 졸업하고도 받았고요. 상담을 받으면서 회복 탄력성이 생긴 것 같아요. 특히 나에 대해 배웠어요."

그녀는 상담이 치료하는 데 매우 중요하다고 고백했다.

"공황장애에 걸리면 일단 쉬쉬하면 안 돼요. 감기처럼 당연하다 생각해야 돼요. 필요한 사람은 상담받는 게 좋다고 생각해요."

리브가는 공황장애로부터 회복되었다. 가끔 찾아오는 공황장애에 대해서도 대처하는 법을 알고 있다. 그녀는 무엇보다 중요한 것이 한 사람이라고 했다.

"진심으로 나의 이야기를 들어 줄 한 사람이 필요했어요. 그리고 나를 이해해 주는 한 사람요."

리브가는 진심으로 자신의 이야기를 들어 주는 한 사람이 있으면 회복할 수 있다고 했다. 그 사람이 상담사이든 부모님이든 친구이든 자신을 진심으로 이해해 주는 사람이 있으면 회복할 수 있다고 한다. 그중에서도 바로 자신과 같이 정신건강의 위기를 경험한 사람이 다른 사람을 이해해 주었을 때 회복되기가 쉽다고 했다.

2

사람들 앞에서 말하는 것이 두려워요
죽을 것 같은 수치심

라헬 이야기

제가 앞에 나가면요. 남들이 저를 어떻게 볼지에 대한 강박이 심했던 것 같아요. 외모도 그렇고요. 목소리도 그랬어요. 그래서 떨리니깐 신체적으로 온몸이 떨리고 손도 떨리고 입술도 바들바들 떨었고요. 그런 것들이 티 날까 봐 걱정했는데 티가 났어요. 그래서 애들이 좀 웃었던 적이 있어요. 그 모습이 제일 감추고 싶은 모습이에요.

라헬은 한국에서 태어났으며 2살 때 중동지역에서 6년을 생활하고, 8살에 미국으로 온 가족이 이민을 왔다. 그녀의 아빠는 남가주 지역 교회의 목사이며, 오빠는 미국 주립대학교를 졸업하였다. 라헬은 현재 미국 캘리포니아 남가주에 있는 주립대학교에 재학 중이다. 그녀는 미국 초등학교 6학년 때 인종차별과 놀림을 당했으며 그것이 강박이 되었고 발표에 어려움이 생겼다고 한다. 그녀는 지금도 발표에 대한 강박이 있으며 고등학교 때는 더욱 심했고 발표 소리만 들어도 떨렸다고 했다.

라헬은 소심하고 여리게 그냥 평범한 학교생활을 지냈는데 중학교에 올라가면서부터 혼자 동떨어진 느낌이 들었다고 한다.

"초등학교 5학년인가 6학년 때 인종차별을 겪었어요. 애들은 약간 장난이라 생각했을 수도 있지만 저를 놀렸어요. 그때 힘들었던 기억이 있어요. 지금도 크게 힘든 건 발표 공포증이 있어요. 약간 남들에게 잘 보여야 하는 강박 같은 게 있어요. 평가받는 자리 같은 느낌이 있으면 진짜 트라우마처럼 무서워요."

라헬은 발표에 대한 심한 불안을 느낀다고 했다. 특히 고등학교에 올라가서 발표 수업이 있는 날은 학교 가는 게 두려웠고, 등교 자체를 거부했다고 한다.

"하루는 선생님이 발표가 있다고 했어요. 그다음 시간이 다른 시험을 봐야 하는 날인데 그 말을 듣자마자 시험도 못 보고, 화장실에 숨어 있었어요. 저는 발표가 너무 무서웠어요. 기말고사 발표 마지막 시험 때도 아예 들어가지 않았어요. 발표에 대한 불안과 공포가 큰 것 같아요."

고등학교 시절에는 발표 때문에 학업에 집중할 수 없어서 성적에도 지장이 생겼다고 했다. 그런데 현재 대학교 생활에서도 발표에 대한 공포증이 있어, 우울증이 생겼으며 사람들의 시선과 수치심을 반복적으로 심리적 고통을 느끼고 있다.

"그냥 앞에 나가면 사람들에게 어떻게 보일지에 대한 강박이 심한 것 같아요. 외모도 그렇고요. 목소리도 그래요. 실력도. 뭔가 발표할 때 남들과 비교되는 것 같았어요. 그래서 너무 떨리니깐 신체적으로 온몸이 떨리고 손도 떨리고 입술도 바들바들 떨어요. 그런데 이런 게 또 티가 날까 봐 걱정스러워요."

그녀는 많은 사람들이 있는 공간 자체가 부담되고 위축이 된다고 했다. 다행히도 팬데믹 기간에 온라인으로 수업했기 때문에 학업을 지속할 수 있었다고 말한다.

"코로나가 터지고 나서 자연스럽게 온라인 수업이 생기고 대학도 온라인 수업을 했잖아요. 그런데 대학에 들어간 다음에는 캠퍼스에 가야 하는데 저는 지금도 온라인 수업만 참여하고 있어요. 지금도 회피하고 있다고 생각해요. 물론 언젠가는 직접 가서 듣는 날이 있을 거로 생각해요. 하지만 아직은 생각만 해도 걱정돼요. 사람들이 많이 있는 공간 자체가 부담스럽고 제가 위축돼요."

라헬은 어릴 때 미국에 왔지만, 언어를 사용하면서 정체성의 혼돈이 생겼다고 한다.

"미국 친구들과 안 맞는 기분도 들고요. 나 자신과 비교를 많이 했어요. 약간 자기혐오 같은 거요. 다른 애들은 잘 적응하고 있는 것 같은데 나는 애들보다 더 빨리 여기서 시작했는데도 지금까지 적응을 하지 못한다는 생각이요. 남들처럼 평범하게 학교에 다니지 못하고 그렇게 하고 싶은데 안됐어요. 제 생각에도 나 혼자 비정상인 것 같아요."

라헬은 학교생활에 잘 적응하고 싶었던 자기의 마음을 그렇게 표현했다.

"한국어가 편하지만, 사람들이 한국어를 잘한다고 하니깐 가끔 창피했어요. 사람들이 내가 한국어를 하면 되게 잘한다고 해요. 한국어 원어민 같다고 칭찬하는데요. 저는 속으로 영어를 더 잘해야 하는데 내가 다른 교포 애들처럼 그렇지 않아서 이런 말을 하나 하고 많이 생각했어요. 그래서 이런 내가 싫어서 한국과 관련된 모든 것들을 싫어한 적도 있어요. 막 교포처럼 행동한 적도 있었는데 지금은 그렇게 안 해요."

또한 라헬은 정체성의 혼란기를 겪은 적이 있다고 했다. 미국학교에서 미국 친구들과도 맞지 않는 것 같았고, 영어에 능숙한 한인 2세들과도 맞지 않는다고 생각했는데 그럴 때 드는 생각은 영어 문제 때문이라고 생각했다.

"다른 애들과 달리 저는 적응을 잘 못한다고 하더군요. 제가 지금 다니는 정신과에서 다니는 선생님이 말씀해 주었어요. 적응 면에서 어려움을 겪는 성향이라고 했어요. 적응하는 것이 오래 걸리고 새로운 환경이라든지 문화 같은 게 좀 힘들다고 했어요. 저는 태어날 때부터 외국 생활을 했는데도 불구하고 미국 생활이 외롭고 안 맞는 것 같았어요."

라헬은 고등학교 11학년 때 불안과 우울, 공황장애가 심해져서 수업에 집중할 수 없었고 친구들과의 관계도 힘들었다고 말한다. 그녀의 부모는 말하길, 라헬이 초등학교 5학년에 시작한 사회 불안, 우울, 공황장애의 증상을 제대로 인식하지 않았기에 갈등을 겪게 되었다고 생각한다.

"제일 처음 발표가 두렵게 느껴졌던 게 초등학교 5학년 때예요. 그냥 모르겠어요. 어느 순간부터 발표가 두려워졌어요. 사춘기 때부터 성격에도 영향을 많이 끼쳤어요. 10학년 때부터 우울증이 시작됐고요. 진짜 심각하다고 느낄 때는 11학년 때였어요. 발표 때문에 우울증이 생겼다고 할 수 있어요."

라헬은 발표로 인한 두려움으로 우울증이 생겼다고 이해하고 있었다. 특히 발표할 때 자기 모습이 극도로 싫었다고 한다.

"제가 앞에 나가면요. 남들이 저를 어떻게 볼지에 대한 강박이 심했던 것 같아요. 외모도 그렇고요. 목소리도 그랬어요. 그래서 떨리니깐 신체적으로 온몸이 떨리고 손도 떨리고 입술도 바들바들 떨었고요. 그런 것들이 티 날까 봐 걱정했는데 티가 났어요. 그래서 애들이 좀 웃었던 적이 있어요. 말이 꼬여서 웃은 것 같은데요. 그 모습이 제일 감추고 싶은 모습이에요. 이렇게 발표하면 애들이랑 못 어울리거든요. 제 최악의 단점을 보여 준 느낌이라서요. 애들이 나를 이렇게 생각할 거라는 생각도 들었어요. 그래서 스스로 애들을 약간 멀리하고 고립됐던 것 같아요. 원래도 친구가 많이 없었고요."

라헬의 부모님은 라헬이 발표하는 어려움이 있었지만, 학교 결석은 되지 않고 학업 성적을 중요하게 여겼다고 했다.

"성적은 잘 받아야 한다고 했지만 그럴 수 없었어요. 발표를 잘하지 못했으니깐요. 나중에 제가 수업에 못 들어가며 힘들다고 하니 안 들어간다고 말은 그렇게 하고 학교에 직접 데려다준 적도 있어요."

라헬은 발표 때문에 학교 가는 것을 공포로 여겼지만, 그녀의 부모님이 라헬을 이해하기까지는 시간이 좀 걸렸다. 그리고 라헬에게는 우울증에서도 부모님과 갈등이 있었다.

"종교적인 면으로 생각하면 제가 우울증이라는 걸 잘 이해하지 못했어요. 특히 아빠가 종교적이라서 그런지 이해하지 못했어요. 믿는 자들은 우울증이랑 상관이 없다는 식으로 말했어요. 제가 신앙이 깊지도 않고 물론 교회를 좋아하지도 않지만, 엄청 우울해서 샤워할 힘도 없고 그럴 때가 있었거든요. 무기력하고 눈물밖에 안 나오고 그랬어요. 근데 아빠가 가족 다 같이 모여서 성경 공부를 하자는 거예요. 저는 하기 싫다는 식으로 말했어요. 그런데 아빠가 이것에 대해 엄청 뭐라고 했어요. 내가 진짜 너무 힘들어서 말했는데 말이에요. 그래서 내 인생 처음으로 이런 소리가 나올 수 있나 싶을 정도로 절규하면서 울었어요. 근데 저는 아빠가 이걸 보고 엄청나게 걱정해 줄 거라고 생각했는데요. 오히려 이해를 못 하겠다며 혼을 냈어요. 다음 날 가족 모임이 있었는데 내가 잘못한 사람이 돼 있었어요. 그래서 사과하게 되었어요. 항상 제가 죄인이 된 것 같았어요."

    정신건강의 문제에 있어서 라헬은 부모님에게 공감과 위로를 받지 못했고 오히려 죄책감이 생겼다고 했다. 라헬은 사회 불안증이 점점 심해졌고 사람들과 얘기하는 것조차 매우 힘들어했다. 그러나 그녀의 아버지는 이런 모습을 절대 이해하지 못했다.

    "제가 사회 불안증이 있는데요. 편의점도 가는 것도 힘들어했어요. 그 정도로 힘들었어요. 그런데 어디 마트에 갔을 때 셀프 계산을 하다가 바코드를 깜빡하고 하나 못 찍었어요. 돈을 덜 지급하게 됐어요. 근데 아빠가 엄청 단호하게 혼내면서 네가 잘못했으니, 네가 해결하라고 하는 거예요. 그래서 직원에게 가서 다시 결제하라는데 저는 말하는 게 너무 무서웠어요. 창피하고요. 저는 아빠에게 이 상황에서 직접 말하는 게 매우 힘들다고 아빠에게 요청했는데요. 아빠는 통하지 않았어요. 그래서 제가 "아빠, 진짜 나 못하겠어. 제발." 이렇게 울었어요. 그런데 아빠는 오히려 사람들 앞에서 버럭 소리를 지르며 저를 혼냈어요. 이 상황이 잘 기억나지 않지만 어떻게 했는지 모르겠어요. 서러워하면서 차에 탔는데 아빠가 힘들었을 텐데 그래도 잘했다고 말해줄 줄 알았거든요. 그런데 아빠는 제가 더 이해가 안 간다는 식으로 뭐라고 했어요."

라헬은 이 일에 대해 아빠와 풀었다고 했다.

"지금은 아빠가 다 이해를 해서 마트 사건을 미안해하는 것 같아요. 저에게 이해 못 해줘서 미안하다고 했어요. 그런데 진짜 이해를 못 하는 건 종교적인 면에서 그랬던 것 같아요."

라헬의 부모님은 사소한 것들을 이해하지 못했고 특히 종교적으로 모범을 보여야 한다고 생각하는 것 같았다.

"아무래도 부모님은 우울증을 겪어보지 않았으니깐요. 아빠 눈에는 그냥 뭐든 하기 싫은 애, 할 의지가 없는 애로 보였던 것 같아요. 아빠는 항상 저한테 그렇게 말했어요. 너는 의지가 약하다고, 너는 의지가 있어야 한다고. 이런 말들을 자주 했어요. 아빠는 저를 도와주려고 한 말이지만 제게는 도움이 되지 않았어요. 그래서 그때는 아빠와 거의 대화도 하지 않았고 정말 사이가 안 좋았어요."

하지만 라헬의 엄마는 그녀를 조금 이해하는 것처럼 보였다고 했다.

"엄마는 아빠만큼은 아니고 약간 이해해 주는 듯했어요. 가끔 그냥 내 얘기를 들어 줬으면 좋겠고, 공감해 주면 좋겠는데요. 너무 현실적인 얘기만 하셨어요. 그리고 가끔은 상처 주는 말을 했어요. 일부러 그런 건 아닐 텐데 말이죠. 예를 들어 내가 엄마한테 "나 무기력해." 이렇게 얘기하면 엄마는 저에게 상처 주려고 한 말은 아니지만 엄마는 나한테 "네가 무기력하지 않은 날이 없잖아."하면서 말했어요. 그리고 엄마는 나랑 아빠가 싸우면, 저보고 네가 여기서 왕이냐고. 왜 우리가 네 눈치를 보면서 살아야 하냐고 했어요. 그런 말을 들으면 내 존재가 되게 민폐 같고 굉장히 미안했어요."

라헬은 심한 우울증을 보내고 있었지만, 이 시기에 부모님으로부터 이해와 공감을 받지 못하고 홀로 버텨내고 있는 듯했다고 했다. 특히 밤마다 찾아오는 죽고 싶다는 생각과 싸워야 했다고 했다.

"저는 막 계획하고 그러지는 않는데요. 자살하고 싶었어요. 어떻게 하면 편안하게 죽을 수 있을지 생각했어요. 지금 당장 죽을 수 있는 어떤 버튼이 있다면 바로 고민도 없이 누르고 싶다는 상상을 많이 했어요. 이런 말을 자세히 엄마·아빠에게 하지 않았어요. 대충 엄마 아빠도 조금 알고 있었던 것 같은데요. 제가 이 얘기하면 아빠가 마음이 아프니까요."

이 이야기를 꺼내면서도 라헬은 자기 부모가 걱정할 것 같아 말을 계속하지 못했다.

"저는 특히 새벽이 되면 너무 외로워서 차라리 죽는 게 나을 것 같다고 느낄 정도로 괴로웠어요. 이런 감정이 막 확 오거든요. 설명이 안 돼요. 외로움이 저를 미친 듯이 괴롭히는데 진짜 많이 울고, 울다 지쳐서 자는 게 반복이었어요. 그리고 아침이 되면 아무 일 없다는 듯이 그냥 부모님께 인사했어요. 그래서 아마 엄마, 아빠는 자세히 잘 모를 것 같아요. 아마 모를 거예요."

라헬의 부모님은 그녀가 겪는 고통에 대해 목회자인 아버지의 방식으로 그녀를 도우려고 했다.

"아빠가 늘 하나님의 도우심으로 극복해야 한다고 했어요. 설교할 때도 아니면 집에서 가족예배를 드릴 때도 은근슬쩍 제 우울증과 연결하려고 하는 게 많았어요. 그런데 사실 그런 것들이 하나도 도움이 안됐어요.

이런 말을 부모님에게 하지 못했어요. 그냥 얘기해 봤자 대화가 되지 않았고 부모님의 방식으로 도움을 주려고 하는 거니깐. 이런 말 해서 엄마·아빠가 속상해하는 것도 싫었고요."

라헬은 우울증을 겪을 때 부모님에게 도움을 요청하는 게 매우 힘들었다고 한다.

"제가 컸는데요. 이런 주제를 어린아이처럼 떼쓰고 얘기하는 게 아닌 것 같았어요. 그냥 힘든 일 있다고 편하게 말하기 어렵잖아요. 무겁잖아요. 제가 엄마에게 이런 말을 하면 엄마는 "그럼, 내가 어떻게 도와주냐?"고 묻는 듯한 말투라서요. 그럼 나도 모르겠거든요. 그래서 "그냥 내 얘기 들어줘." 그렇게만 얘기했어요. 그런데 아빠는 말이 좀 많아서 얘기하면 말만 길어지고 또 뭘 얘기를 하든 종교 쪽으로 말이 끝나요. 그래서 약간 좀 지치기도 하고요. 그래서 아예 말을 안 하게 되는 것 같아요. 저는 종교적인 걸로 도움이 된다고 느낀 적이 한 번도 없었어요."

라헬은 목회자 자녀로 태어날 때부터 교회에 다녔지만, 교회에 적응하지 못했고 교회 다니는 게 매우 힘들었다고 했다.

"교회에 적응을 하지 못했어요. 한 번도 교회랑 제가 잘 맞는다고 생각한 적이 없어요. 그래도 제가 신앙이 없어도 교회가 약간 좋은 단체인 것 같고, 교회 다니는 사람들과 잘 어울리고 싶고 알고 싶었지만 잘 안됐어요. 그래서 저는 항상 설교만 듣고 바로 집에 갔어요. 저는 찬양 시간도 싫어서 화장실에 있다가 들어가거나 소그룹이나 수련회를 가도 제가 잘 맞는다고 생각한 적이 없어요. 교회에 대한 즐거움은 잘 모르겠어요. 늘 교회는 학교와 같았어요. 교회는 학교처럼 무조건 가야 하는 곳이요. 유치원 때부터 가는 곳이요. 안 가면 잘못한 것 같고 당연히 해야 한다고 부모님이 단호하게 말했어요. 그래서 뭐 억지로 갔어요."

라헬은 우울증으로 힘들었지만, 교회 공동체에 말할 수 없었고, 신앙공동체인 교회에서 위로와 행복을 찾을 수 없었다.

"아무래도 한국인의 피를 속일 수가 없나 봐요. 엄마 아빠도 아무래도 한국인이시고 한국문화를 강요하지 않았지만, 저 스스로 느꼈어요."

라헬의 부모님은 교회에 모범이 되어야 했기에 그녀의 정신건강 문제에 대해서 기도를 요청하거나 상담 및 치료에 적극적이지 않았다고 했다. 그녀도 목회자 자녀이기에 다른 사람들의 시선을 매우 신경을 썼다고 했다.

"저는 완벽주의고 무의식적으로 사람들에게 잘 보여야 한다고 생각했던 것 같아요."

특히 한국의 전통적인 유교 문화가 그녀의 정신건강을 치료하는데 매우 큰 걸림돌이 되었다고 했다. 특히 코로나 시기에는 매우 힘들었다고 했다.

"코로나 시기에 한참 힘들었어요. 엄마, 아빠가 밖에 못 나가게 하고 저를 공감해 주는 우울증 친구가 있었거든요. 그런데 코로나 때문에 엄마, 아빠가 엄청 예민해서 그 애를 못 만나게 하니깐 그게 많이 힘들었어요. 대신 성경 공부만 집에 하라고 해서 엄청 힘들었어요."

코로나가 있었던 고등학교 시절에는 집에 고립되면서 가장 심각한 정신건강의 위기를 보냈다.

"처음에는 제가 심각한지 몰랐는데요. 11학년에서 12학년으로 올라갈 때쯤에 극단적인 생각을 많이 했어요. 매일 죽고 싶다고 생각했고, 우울하고 무기력했어요. 그러니 인간관계도 정말 힘들었어요."

게다가 우울증으로 인해 특히 집중하는 일이 힘들었다고 했다.

"고등학교 때는 숙제를 내면 점수를 받고요. 그때는 그냥 했어요. 그런데 지금 대학교 수업을 듣는 게 많이 힘들어요. 집중이 너무 힘들어요."

라헬은 자신의 우울증이 어렸을 때부터 시작되었다고 했다. 그러나 그녀의 부모들은 어릴 때도 그녀의 성격이라고 생각했다.

"일단 저는 태어날 때부터 성향 자체가 좀 이렇게 태어난 것 같아요. 잘 적응 못하고요. 잘 울고요. 부모님이 매일 저에게 당신들을 닮아서 그렇다고 했어요. 제가 유치원을 잘 못 다녔거든요. 그러다 보니깐 부모님은 제가 한창 힘들 때도 그냥 원래 그런 애라고 생각했던 것 같아요. 원래 적응 못 하고, 말도 못 하고요. 어릴 때부터 그랬는데 성격이라 생각하니 엄마·아빠가 심각하게 생각하지 못했던 것 같아요. 그게 어릴 적부터 시작해서 11학년까지 올라온 것 같아요."

그러나 라헬의 부모님은 그녀가 정말 힘들다는 것을 고등학교를 졸업하고 나서 알게 되었다.

"제가 2022년 여름에 상담받았는데요. 그때 엄마, 아빠랑 저랑 사이가 엄청 안 좋았어요. 그냥 엄마 아빠가 싫었어요. 대화하기조차 싫었어요. 그런데 상담사가 제안해서 엄마 아빠랑 다 같이 얘기를 하게 됐어요. 상담사가 저에 대해서 자세히 설명하면서 엄마, 아빠가 저에 대해서 알게 되었다고 했어요."

그동안 라헬이 수없이 말해도 듣지 않았던 부모님이 전문가가 얘기하게 되자 그녀의 고통을 인정하며 들었다고 했다.

"그냥 그때 이제 드디어 나를 이해해 주는 듯했어요. 엄마, 아빠한테

쌓인 게 정말 많았거든요. 매일 일기장에 적으면서 진짜 언젠가는 엄마 아빠가 죽도록 후회할 날이 올 거라고 썼어요. 그리고 언젠가는 나를 이해해 줄 것이라고 글을 많이 썼던 것 같아요. "

라헬은 외롭고 고통 속에 있을 때 그녀의 부모님이 아니라 다행히도 친구들이 있어서 그 친구들을 의지하고 버텨냈다고 고백했다. 그리고 성인이 된 지금 그녀는 엄마와 아빠와 대화를 거의 하지 않는다고 했다.

"이젠 독립성이 강해져서 엄마 아빠를 찾지 않게 돼요. 엄마 아빠가 서운해하시는데요. 전화도 안 한다고요. 엄마가 먼저 전화하고요. 예전에는 늘 엄마를 찾았지만요. 이제 엄마 아빠가 그립지 않아요. 그냥 엄마 아빠 집에 있는 게 싫어요. 그분들을 사랑하는데요. 그냥 지금은 부모님에게 잘 기대하지 않게 돼요. 힘이 되지 않았으니깐요."

현재 그녀의 부모님은 그녀에게 미안하다고 사과했고 그녀를 이해한다고 했지만, 라헬이 마음을 열고 부모님과 다시 친밀해지기까지는 시간이 필요하다고 했다.

3 타인의 시선에 맞추어야 할 것 같아요!

나오미 이야기

저는 교회에서도 항상 웃고 다니고 그래서 밝은 사람으로 비쳤던 것 같아요. 교회에서 많은 사람들이 저를 어떤 사람으로 기억하냐면, 저에게 밝은 사람이라고 했어요. 그 정도로 웃고만 있고요. 근데 어떨 때 슬펐냐면 제가 사람들에게 슬프다고 얘기하면 사람들이 "네가?" 하면서 말할 것 같았어요. 그래서 교회에서 한 번도 말하지 않았어요.

나오미는 현재 20살이며 미국에서 태어났다. 8살까지 미국에 살다가 부모님의 비즈니스로 한국으로 갔다가 14살에 미국으로 다시 돌아왔다. 나오미는 부모님, 여동생과 함께 어릴 적부터 한인 이민교회에 다녔으며 엄마는 교회 집사님이다. 그녀는 중학교 때부터 정신건강에 위기를 경험했는데 15살이 정말 심했다고 한다. 그녀는 지금도 우울증, 불안증, 스마트폰 중독, 쇼핑 중독, 분노 장애가 있다고 했다.

나오미는 한국에서 다시 미국으로 돌아왔을 때를 회상하며 그때가 가장 힘든 시간이었다고 말한다. "다시 미국 생활에 적응하느라 힘들었어요. 중학교 때부터 시작된 것 같은데요. 스마트폰 중독, 쇼핑 중독, 분노 등이 많고 감정 기복이 심했어요. 그런데 남들에게는 표출을 잘 안 했어요. 제가 여러 가지 조절을 하지 못하는 것 같아요. 지금도 정신과 상담을 받고 있고요."

나오미는 어릴 때부터 상담받았는데 학교 선생님의 권유로 상담을 시작했다고 했다.

"미국학교는 의무적으로 상담을 해야 한다고 했어요. 우울, 불안이 심했는데요. 학교에서 죽고 싶다고 말했더니 이 말을 심각하게 받아들인 것 같아요. 저는 조금 과장해서 말한 거였어요. 아마 선생님들은 제가 지금 죽을 수 있는 위기에 처해 있다고 받아들였던 것 같아요. 저는 그런 뜻은 아니었어요. 그래서 학교에서 상담받게 됐는데 딱히 도움이 되는 것 같지는 않았어요."

그녀는 지금도 정신적인 문제로 힘들다고 했다.

"솔직히 지금은 바쁘게 생활하다 보니 좋다고 해야 할지 나쁘다고 해야 할지 모르겠어요. 근데 불안하고 걱정되는 게 많아요. 그래서 지금도 약을 먹고 있어요."

나오미는 정신건강의 위기 증상이 매우 심각했다고 했다.

"잠이 안 오면 아침 7시, 8시까지도 못 잘 때가 있고요. 아니면 잠을 너무 많이 잘 때도 있고요. 막 15시간을 자요. 가끔 배가 아플 이유가 없는데도 배가 아파요. 아무것도 먹지도 않았는데도 스트레스성으로 배가 계속 아팠는데요.. 이게 이유도 모르겠고. 매일 아프고 이러다 보니까 병원에 가면 스트레스성이라고 하거든요. 그리고 요새 들어서는 폐쇄 공포증이 생긴 것 같아요. 머리카락이 많이 하얘지는 것도 그렇고요. 잘 모르겠는데 조금 새치가 보이는 것도요. 머리를 들어서 보면 안쪽이 머리가 다 하얗고요. 그래서 며칠 전에 염색했어요."

그녀는 자신의 증상이 계속 바뀌면서 현재 머리카락의 색이 하얗게 바뀐 것에 대해 매우 심각하게 여겼다. 나오미는 말하면서 자신이 다른 사람에게 비치는 것에 신경이 쓰인다고 했다.

"제가 외모지상주의가 너무 심해요. 하루하루 저를 깎아내리게 돼요. 매일 옆에 애랑 평가하고요. 비교하면서요. 제가 입고 싶은 옷이 있어도 안 입고, 사람들이 원하는 옷을 입어요."

학교에서 학우의 그림과 자신의 그림을 비교하는 것과 그림들을 발표하는 시간이 매우 힘들었다고 했다.

"학교에서 전공이 미술이에요. 그런데 다른 애들이 그린 그림과 비교가 되니깐 내 그림은 어린애 그림 같아요. 애들은 피카소 같은 그림을 그리고요. 한 번은 수업에 들어가기 싫어서 화장실에서 1, 2시간 버틴 적도 있어요. 비교당하는 게 싫어서요."

나오미는 모든 것을 잘하고 싶어 하고 있고, 자신이 그렇지 못하다는 사실에 힘들어했다.

"발표도 못 한 적이 있어요. 발표 공포증이 있어서 청심환 같은 약을 먹고요. 발표하는데 목소리 엄청나게 떨리고 발 떨리고요. 손이 차가워져서 부들부들 떨고요. 발표한다는 것에 생각보다 자신은 있었는데 사람들 앞에 서는 게 힘들더라고요."

나오미는 사람들의 시선을 신경 쓰기 시작한 게 중학교 때였다고 했다.

"중학교 때 조금 애들한테 외모로 놀림을 당했어요. 그러다 보니까 그때부터 외모에 집착을 많이 하게 되었어요. 화장하지 않으면 밖에 안 나갔어요. 무조건 풀 메이컵을 하고 나가야 했는데 2시간 정도 걸렸어요. 나가려면 머리도 꼭 해야 하고요. 옷도 대충 입으면 안 됐고요. 그러다 보니 삶이 너무 힘들어지는 거예요. 솔직히는 대충 입고 나가고 싶은데요."

그녀는 자신이 외모에 신경을 쓰기 시작하면서 힘들었고 가족들과 갈등을 겪기도 했다고 했다.

"엄마랑 아빠랑 같이 대충 외식하러 나가는데도 저는 그래야 했어요. 저 때문에 부모님이 몇 시간을 기다려야 하고요. 준비시간이 길어지니 사소한 일도 힘들어요. 친구들이 "야! 잠깐 밖에 나와." 그러면 저는 그냥 나가는 것도 안 돼요. 무조건 2시간은 잡고 준비해야 밖으로 나갔어요."

나오미는 학업적으로도 완벽하게 해야 하는데 그렇게 하지 못하면 스트레스를 심하게 받았다. 그녀의 부모님은 그녀가 어릴 때 학업적 기대와 욕심이 많았다고 했다.

"중학교 때까지 엄마가 공부의 욕심이 있었어요. 성적을 못 받으면 엄마들 사이에서도 소문이 나서요. 공부하지 못하면 "쟤는 머리가 안 똑똑하다. 쟤랑 놀지 말아라." 하거든요. 엄마가 이런 말들을 신경을 썼어요."

하지만 나오미는 부모님의 기대에 부응하지 못했다고 했다.

"근데 솔직히 공부에 집중 못했어요. 그래서 엄마가 나중에는 포기를 했어요. "네가 공부하고 싶으면 하고, 하기 싫으면 네 마음대로 해라. 최소한 숙제 같은 것만 해라."고 하셨어요."

나오미는 엄마와 갈등이 있었다고 했다.

"진짜 엄마랑 성격이 너무 안 맞아서 전쟁하는 것 같았어요. 극과 극이었어요. 나도 엄마를 이해 못 하고요. 엄마도 저를 이해 못 했어요."

그래서 나오미는 죽도록 힘든 시간을 보내면서도 자기에 닥친 정신건강의 문제들을 부모님에게 말하지 못했다고 한다. 그것은 열심히 사는 부모님을 실망하게 하고 싶지 않았고 그녀의 성공을 위해 미국에 왔다는 것을 알기에 밝은 척, 좋은 척을 많이 했다고 한다.

"아! 미국 오는 게 저 때문이었어요. 그래서 뭔가 나 때문에 미국에 왔는데 제가 힘들어하는 것을 부모님이 보면 괜히 왔다고 생각하실 것 같았어요. 부모님이 이렇게 힘들게 미국에 왔는데 나 때문에 실패했다는 생각 들면 슬프잖아요. 나 한 명만 잘하면 모든 게 해피 엔딩인 거니까요. 그런데 저 혼자 우울해 버려서 가족을 다 망쳐 버리면 모든 사람이 다 실패한 게 되니깐요. 제가 좀 이기적인 것 같다는 생각이 들었어요."

그녀가 부모님에게 그녀의 고통을 말할 수 없었던 이유에는 아메리칸 드림에 대한 기대가 부모님에게 있어서였다.

"근데 엄마랑 아빠랑 하나 같이 했던 말이 제가 미국에 잘 적응해 줘서 고맙다는 말이었어요. 그래서 처음엔 신경 안 쓰이게 하나도 불만 없는 것처럼 지냈어요. 제 동생은 막 힘들다, 친구 보고 싶다고 했는데요. 저는 아무 말을 하지 않았어요. 겉으로 웃으면서 좋다고 했어요. 그런데 속으로는 힘들었어요. 배경도 다르고 그래서 힘들었는데도 웃고만 있었어요. 억지로 웃다 보니 내가 진짜 행복한 건가, 헷갈리더라고요. 이렇게 살다가 터진 것 같아요."

나오미는 자신의 고통을 숨기고, 타인의 시선, 타인의 기대에 만족을 주려고 했지만 결국 숨길 수 없었다. 부모와 갈등 속에 나오미는 동생과 갈등을 겪기도 했다.

"동생이 어리고 제가 언니니깐요. 미국이 좋은 곳이라는 것을 보여 주고 싶었어요. 한국에서 있었던 중학교 때 왕따 사건을 잊고 싶어서 미국 고등학교 가서는 다시는 그런 생활을 하고 싶지 않았어요. 엄마한테도 이제 잘 생활하는 걸 보여 주고 싶었어요. 그래서 겉으론 항상 웃고 다녔고, 생각보다 친구를 많이 사귀고 그랬어요. 그러다 보니까 속상하다고 말할 수 없었어요. 그런데 여동생은 6학년인데 동생에게 제가 화를 너무 냈어요. 그래서 동생이 기가 죽어 있었어요."

나오미는 자신의 선택으로 인해 부모님이 미국행을 결정한 것이라 항상 웃고 있었지만 정작 웃고 있을 때 자기는 매우 힘들었고 특히 동생에게 매우 미안해하고 있었다. 또한 나오미의 부모님은 한국인 1세대로 미국에서 소통하는 영어가 매우 힘들었기에 그녀가 도와야 했기에 부담감이 컸다고 했다.

"부모님을 영어로 도와줘야 했어요. 많이요. 부모님이 영어를 잘 못하니까요.. 영어로 전화를 제가 해야 하고요. 부담이 크고 귀찮았어요.. 저는 영어는 문제가 없었어요. 여기에서 태어났고요. 그래서 한국어보다 영어를 잘할 수도 있어요."

나오미는 미국에서 태어나 생활하다가 초등학교 때 아빠의 사업으로 다시 한국으로 갔다가 중학교 때 왕따를 당하고, 고등학교에 미국에 왔기 때문에 영어는 잘할 수 있었다. 하지만 그녀가 가장 힘들어했던 점은 정체성과 관련됐다.

"근데 그냥 여기에서 학력 문제, 소속감의 문제가 있었어요. 한국은 나랑 비슷한 사람들이 많은데 여기에는 인종이 다양하고요. 내가 본 한국인은 외국인 같은 한국인이었어요. 한국어도 잘 못하고 한국어 발음도 하지 못하는 한국인이요. 뭔가 소속감에 문제를 느낀 것 같아요. 저는 자신에 대한 이해가 필요한 것 같아요. 그런데 한국에 가고 싶어서 한국에 가면 다시 미국에 가고 싶고요. 제가 내 마음을 잘 모르겠어요. 한국에 가면 한국 나름대로 장단점들이 있어요. 대중교통도 잘 돼 있고요. 먹고 싶은 것, 입맛에 맞는 것, 외관상에 보이는 것, 사람들이랑 비슷하니 내가 소속감을 느낄 수 있는 것들이 있어요. 반면 미국은 입고 싶은 옷을 마음대로 입어도 다른 사람들의 눈치를 아예 안 볼 수 있고요. 마음 편안하게 행동할 수 있어요. 헬스장이나 운동장에 가도 남들 눈치 안 보고 운동할 수도 있고요. 근데 내가 진짜 어디에 있어야 편한지 모르겠어요. 그래서 방학 때마다 미국과 한국을 왔다 갔다 놀러 다녔어요. 미국에 있다가 한국에 가면 뭔가 마음이 뭔가 휑하고, 지금 내가 한국에 있는 선택이 잘한 걸까 하는 생각을 해요. 미래가 걱정되기도 했어요."

특히 팬데믹 기간에 그녀는 가족과의 갈등이 악화하였고 매우 외로워 한국이 너무 그리웠다고 한다.

"제가 가족이랑 갈등이 심했어요. 그때 한동안 너무 외로웠는데요. 코로나 터지고 아무도 없으니까요. 너무 한국에 가고 싶었어요. 근데 못 가니까요. 미국이 굉장히 교도소 같은 곳 같았어요. 갇혀서 못 나가는 교도소 같은 그런 느낌이요. 강제로 여기에 갇혀서 폐쇄당한 느낌만 들었어요. 그래서 새벽에 잠도 못 자고 답답하고 그랬는데 혼자 울고불고 그러다 그때 사귀었던 남자 친구가 큰 도움이 되었어요."

그녀는 미국 생활의 외로움을 버티기 힘들어서 한국에 갔지만 막상 한국 생활도 힘들었다고 한다.

"이제 버티기가 너무 힘들어서 한국에 갔거든요. 너무 외로워서요. 그때 미국에 다시는 안 간다고 결심했거든요. 근데 요즘 미국에 대한 느낌은 또 좋은 거예요. 내가 왜 그랬나 싶을 정도로요. 이게 너무 허무한 것 같아요. 내가 힘들었던 게 맞나 싶고, 내가 사춘기라서 아팠던 걸까 생각해요."

나오미는 자신의 정체성에 대해서 현재도 혼란을 겪고 있다고 고백했다. 그리고 심리적 고통을 이렇게 표현했다.

"집에서 며칠 동안 있었는데 진짜 일주일 동안 한 번도 나가지 않았어요. 그래서 몸도 피폐해지고 사람이 씻지도 않고 그러니까 정신이 너무 힘들어지더라고요."

나오미는 마음이 아프면 아플수록 가족과 대화하지 않으려고 했다고 했다. 이런 그녀의 상태를 부모는 이해하지 못했다.

"아빠가 화가 조금 많은 편인데요. 아빠는 제가 우울증이라는 걸 몰랐어요. 제가 우울증이 생겼을 때 아빠는 저에게 오히려 더 화를 냈어요. "네가 뭔데 우울증이야! 우울증이 뭔데. 그걸 네가 이용해서 나에게 이해를 해 달라고 하냐! 나를 힘들게 하려고 하냐!"고 했어요."

나오미는 우울증으로 고통을 받았고 부모님에게 말했지만, 아빠는 믿지 않았고 병에 걸린 그녀에게 오히려 화를 냈다고 한다. 게다가 엄마와도 잘 지내지 못했다고 했다.

"엄마도 우울증이 생겼어요. 우울증이 생기면 화가 많이 나는 거잖아요. 엄마도 화가 많이 나고, 저도 화가 많이 나니까요 서로 충돌이 되었던 것 같아요. 그래서 엄청 많이 싸우고. 엄마도 후회하고, 저도 또 그게 쌓이고 그러다 보니까 너무 힘들었어요."

고등학교 때 부모님과 함께 상담받기 시작했다고 한다. 나오미의 정신건강 위기 증상인 우울, 불안, 공황장애에 대해서 그녀의 부모들은 이해하지 못했다. 특히 그녀의 아빠는 그녀가 우울증에 걸렸다는 것 자체로 아빠가 힘들게 한다고 말했다. 그녀는 정신건강의 위기에 대해서 이해 못 하는 부모와 심한 갈등을 겪었으며 마치 전쟁과 같았다고 했다.

"그래서 저는 한국으로 가버렸어요. 엄마는 내가 한국으로 가니까 미안해했어요. 그때부터 엄마가 저에게 잘해 주고 이해해 주려고 했어요."

그녀의 엄마는 그녀를 도와주려고 했지만, 닫힌 대화의 문이 열리기까지는 상담사의 도움이 있었다고 한다.

"제가 11학년 때부터 엄마랑 같이 상담을 받았어요. 이제 10학년 때 시작해서 그때부터 조금씩 우울해지면서 선생님이 알았던 것 같아요. 엄마와 나의 문제를요. 그래서 엄마랑 같이 상담을 받으라 했고, 상담사가 엄마에게 전달해서 엄마는 저한테 사과하기도 했어요. 제가 엄마랑 대화하기 싫어하지만, 상담사를 통해 엄마가 제 속마음을 알게 되었어요. 그렇게 상담사를 통해서 엄마의 얘기를 들으면서 저도 엄마한테 미안하다는 생각이 들었어요. 저는 그런 뜻으로 엄마한테 한 게 아니었는데 엄마랑 오해하고 있었어요."

상담 치료를 빨리 받았으면 부모와의 관계가 좋았겠지만, 한국적 문화로 치료를 받기까지 오랜 시간이 걸렸다고 했다.

"저는 치료를 받았더라면 더 좋았을 것 같은데요. 몰랐던 것 같아요. 엄마도 아빠도 저 자신도요. 정말로 몰랐던 것 같아요. 아마 상담 치료를 일찍 받았더라도 자신을 감추고 좋은 것만 보여줬기 때문에 어려웠을 것 같아요."

무엇보다 나오미가 상담받는 시점에 그녀의 아버지도 정신건강에 문제가 생겼다.

"아빠가 공황장애가 생긴 거예요. 그러면서 아빠가 저를 이해하게 되었어요. 그리고 아빠가 내가 그때 미안했다고 하셨어요. 아빠는 그때야 저를 이해하게 됐어요."

정신건강 위기에서 그녀는 교회의 멤버들과 잘 지냈고 즐거웠지만 속마음에 대해서는 나누지 못했다고 한다.

"저는 교회에서도 항상 웃고 다니고 그래서 밝은 사람으로 비쳤던 것 같아요. 그래서 교회에서 많은 사람들이 저를 어떤 사람으로 기억하냐면, 저에게 밝은 사람이라고 했어요. 그 정도로 웃고만 있고요. 제가 인상을 쓴 적이 없을 정도로요. 사람들 앞에서 저는 그러고 있었어요. 사람들 앞에 한 번도 슬프다고 한 적이 없었어요. 근데 어떨 때 슬펐냐면, 제가 사람들에게 슬프다고 얘기하면 사람들이 "네가?" 하면서 말할 것 같았어요. 그래서 교회에서 한 번도 말하지 않았어요. 오히려 남들이 슬프다고 하면 제가 가서 위로를 해주는 역할을 했어요. 제가 위로를 받는 역할은 아니었어요."

그녀는 교회에서 정해진 이미지로 인해 정신건강의 위기를 겪을 때 어떤 말도 하지 못했고 도움도 요청하지 않았다.

"교회에서 정신건강에 대한 말은 한 번도 들어 본 적이 없어요."

나오미는 도움을 요청하면 그들이 기도해 줄 것 같은 분위기였지만 뭔가 말하기 싫었다고 했다. 그녀는 청소년 담당 목사님과 친밀한 대화를 나눈 적이 없고 유대감도 없었다고 한다. 그러나 미국에 오면서 한인교회에 출석하였고 매우 좋은 경험이었다고 했다.

"미국에 와서 한인교회에 다녔어요. 엄마가 처음에 소개해 준 교회 친한 오빠가 있었는데요. 그 오빠 덕분에 언니들이랑 동생들이랑 다 친하게 지냈어요. 대학교 가려면 봉사 활동도 해야 하잖아요. 교회에 아기들 돌봐 주는 게 있었는데요. 아기들 돌봐 주는 게 솔직히 봉사 활동이라고 하기보다는 그냥 너무 재미있었어요. 그래서 대학교 포인트 때문이 아니라 재미있어서 했어요."

이런 경험들 탓에 나오미는 죽고 싶은 상황에도 자살 시도에 있어서 크리스천이란 것을 생각하고 위기를 넘겼다고 한다.

"죽고 싶은 상황에서 이런 생각이 드는 거예요. 이렇게 힘들 때 정말 살지 말자, 안 사는 게 낫지 않냐는 생각이 들었어요. 그런데 내가 만약에 진짜 죽게 된다면 나는 크리스천인데 이게 안 맞지 않느냐는 생각이 제일 먼저 들었어요. 지옥에 들어간다는 것도 알고 있었으니까요. 죽는 것 자체가 잘못됐다고 생각했어요. 자살, 죽는 것 자체가 금지된 건데요. 딱 죽고 싶을 때 내가 크리스천인데 이러면 안 된다고 생각난 게 기억에 남아요."

4   I Can Do Something. 죽을 결심을 한 날

에스더 이야기

평소에 아무런 얘기를 안 하던 엄마가 아무것도 모르는데 막 우는 거예요. 지금 생각해 보면 그때 하나님이 하셨다는 생각이 들어요. 엄마가 너무 우니까 엄마 우는 모습을 보며 마음이 약해지는 거예요. 그날 결심한 날은 이상한 영이 감싼 것 같았어요. 우울하고 슬픈 게 아니라 오늘 죽어야겠다는 결심이 섰으니깐요.

에스더는 19살이며 간호 대학에 다니고 있다. 그녀는 미국에서 태어났으며 3개월 때 한국으로 갔다가 7살에 다시 미국으로 왔다. 그녀의 엄마는 신실한 크리스천이며 엄마는 전도사인 아빠와 재혼했고 그사이 여동생이 태어났다.

에스더는 11학년 때 정신건강의 위기를 겪었다.

"수업에 있으면 너무 긴장했어요. 아무도 날 위협하지 않았는데 그냥 막 긴장되고요. 떨렸어요."

그래서 11학년 때부터 PTSD, 사회 불안증, 우울증으로 6개월간 정신과 약을 먹기 시작했고 현재는 매우 좋아진 상태다.

"지금은 그렇지 않아요. 컨디션이 안 좋을 때 그런 증상들이 오는데요. 계속 그렇게 위기라고 생각하지는 않았어요. 방학이 되어 한국에 놀러 갔을 때 그때 병원에 가서 상담받았어요. 병원에서는 PTSD랑 사회 불안증이라고 했어요. 그런데 처음에는 잘 몰랐는데 약이 도움이 되었던 것 같아요. 치유는 아닌데요. 도움이 됐던 것 같아요."

에스더는 심리적 고통에 대해 말하길,

"사람들이 많을 때 호흡 곤란도 오고요. 심장 미치듯이 쿵쾅쿵쾅 뛰는 것 같았어요. 괴로울 때 마음이 찢어지는 것 같고, 마음이 아프고 슬프고 이랬던 것 같아요."

에스더는 초등학교 때부터 불안이 있었는데 부모님은 항상 바쁘고 열심히 살았기에 자신까지 힘들게 하고 싶지 않았다고 했다. 시간이 지나면 나아질 줄 알았는데 점점 더 힘들었고 정신적인 문제는 더 심해졌다고 했다.

"11학년 때 처음 증상을 느낀 건 아니지만 참다가 이제 못 참겠다 싶었어요. 그래서 부모님께 말했어요. 아빠가 아는 분이 크리스천 상담을 한다고 했는데 거기에 한 3번 갔는데 그렇게 좋은 경험은 아니었어요. 어차피 한국에 갈 계획이고 미국보다 한국이 빠르고 가격이 더 저렴한 것 같아

한국에 놀러 간 김에 정신과에 갔어요."

에스더의 부모님은 전혀 몰랐고 나중에 이 모든 것을 알았을 때 많이 놀랐다고 했다.

"부모님의 상황을 이해하기에 진짜 마음을 표현하지 못했어요. 그냥 내 생각에 갇혀 있었던 것 같아요. 미웠어요. 다 싫었던 것 같아요. 부모님이 부담을 주지 않았는데요. 제가 뭐든지 알아서 하는 편이었어요. 바쁜 부모님을 이해하지만, 미운 마음도 있었어요."

이런 양가적인 감정은 하나님에 대한 오해로 이어졌다고 했다.

"가족에 대한 양가적인 마음이 있었는데 하나님도 오해했어요. 믿음 달라고, 왜 치료해 주시지 않냐며 오해했어요. 그러면서 점점 내 삶은 내가 알아서 한다, 내 인생에 주인은 나다, 내 마음대로 살 거라는 생각들이 자리 잡았어요. 학교도 중요하지 않았어요. 자책을 많이 했고요. 성적이 많이 내려갔어요. 직업에 관한 생각도 없었고요. 인생이 힘들어서 하루 사는데 미래의 직업까지는 생각하지 못했던 것 같아요."

사람에 대한 오해가 깊어질수록 자기 생각을 다른 사람들과 공유하지 않았다고 한다.

"감정을 이야기해야 한다고 생각 못 했어요. 그냥 시간이 지나면 괜찮아질 거로 생각했어요. 그냥 생각을 안 하려고 했어요. 부모님도 바쁘니깐 말하기도 그랬어요. 시간도 많지 않고요. 어릴 때는 대화를 좀 했던 것 같지만요."

자신의 강점을 가족에게 말할 수 없는 환경이었다고 했다. 그래서 에스더는 다른 사람들과 감정 교류가 사라지면서 더 고립되는 걸 느꼈다고 한다.

"아플 때는 가족하고 안 친했고요. 완전히 단절된 상태였어요. 그때는 친구들, 교회 언니 오빠들에게 많이 기댄 것 같아요. 가족한테 도움을 받을 수 있다는 생각을 못 했어요. 그때 오해가 있었어요. '가족은 나를 이해하지 못할 거다. 날 감당하지 못할 거다.' 이런 생각을 하고 있으니깐 가족이 내가 버거울 수 있을 거로 생각했어요. 이런 생각이 많이 나서 그냥 안 하는 게 편하다고 생각했어요."

가장 힘들 때 가족을 의지하기보다는 다른 사람들을 찾았던 일은 에스더가 부모님을 도와야 한다고 생각했기 때문이다.

"저는 부모님의 영어를 도와주고요. 여동생이 생겨서 여동생도 돌봐줘야 했으니깐요. 집안일도 도울 수 있으면 돕고요. 부모님이 바쁘니까 제가 부담될 수도 있고요. 특히 여동생이 태어나기 전에 사람들이 엄마를 도와줘야 한다고 했던 말이 부담됐던 것 같아요. 좋은 뜻으로 얘기한 건 알지만요. 저한테는 살짝 부담이 좀 있었어요."

아플 때 자신을 둘러싼 환경들이 사람들에게 도움을 요청하기보다는 자신에게 채찍질하며 잘해야 하는 부담이 생겼다고 했다.

"그냥 항상 어릴 때부터 잘해야지, 완벽해야 한다는 생각이 있었어요. 부모님이 힘들게 살아왔으니까요. 그래서 나도 잘해서 짐이 되지 말아야 한다고 생각했어요. 힘든 데 나도 더하지는 말자고 생각했어요."

정신건강의 위기가 왔을 때 에스더는 부모님의 어려움을 생각해서 말하지 않고 묵묵히 가족을 돌봤다. 열심히 최선을 다하는 부모이지만 그녀의 아픔을 알 수 없었고 도울 수 없었다.

"제 안에서 내면의 문제로 단절된 것 같아요. 자살 생각이 많았어요. 시도는 하지 않았지만 힘들 때는 계속 생각이 났어요. 내가 고등학생 때, 가장 힘들 때 동생이 태어났어요. 그래서 여동생에게 뺏겼다는 마음도 있었고 어렸을 때부터 엄마는 나를 안 좋아했다는 오해가 있었는데 그때 오해가 있었어요. 그리고 아빠는 제가 친딸이 아니니깐요."

에스더가 아팠을 때 동생이 태어나면서 동생을 너무 사랑하지만, 자신의 엄마가 자신을 좋아했는지에 대해 생각하게 되었다고 했다. 에스더는 고등학생으로 여전히 부모의 사람을 받아야 하지만 자신이 도와주어야 하는 부모님에게 자신은 항상 잘해야 한다는 생각으로 완벽하게 자신을 만들려고 했다.

"원래 어리면 부모님이 완벽하다고 생각하잖아요. 제가 힘들 때나 슬플 때 나를 다 받아 줄 수 있는 그릇이 부모님에게는 있다고 생각하잖아요. 지금은 그렇게 생각하지 않지만요. 그때는 그게 더 큰 상처였던 것 같아요. 부모님은 힘들고 하면 못 들어 주시는데요. 못 들어 주는 모습을 보면서 나를 사랑하지 않는다고 생각했어요. 그때 많이 오해했어요."

에스더가 부모님과 정말 나누고 싶었던 것은 현재 힘든 마음과 감정을 교류하는 일이었다.

"엄마 나 힘들어. 이렇게 감정적으로 표현하고 싶었어요. 근데 출산도 하고, 돈도 벌어야 하고 그러니깐요. 처음에는 엄마도 저를 어떻게 도와줘야 하는지 모르니까요. 엄마 방식대로 하려고 했는데 이게 상처가 되어 악화하였던 것 같아요."

또한 부모님과 갈등이 극에 달했을 때는 기도해 준다는 말 자체가 힘들었다고 한다.

"아팠을 때 부모님이 좀 기도하라고 했던 것 같아요. 그때는 내가 비풀어지는 마음에 아예 귀에 들리지 않았어요. 그런 말도 싫었어요. 하나님과 관계도 단절됐으니까요. 그래서 하나님과 관련된 얘기는 안 듣고 싶어 했던 것 같아요. 그냥 귀를 막고 있었어요. 근데 그게 오히려 도움이 됐던 것 같아요. 살짝 관계를 멈춘 게 도움이 된 것 같아요."

정신건강의 위기에 있을 때는 기도해 준다는 말 자체가 부담되고 싫었는데 현재 회복된 상태에서는 가족과의 관계가 좋아졌고, 기도해 주겠다는 말이 좋게 들린다고 했다. 정신건강의 위기를 겪으면 당사자들은 말하지 않아도, 가족들이 자신에 대해 알기를 바란다고 한다.

"내가 빨리 얘기했었으면 도움이 됐을 것 같아요. 근데 그때는 내가 굳이 말해야 아는 건지 싶었어요. 그냥 내가 보내는 아픈 신호를 알아차리기를 바랐어요. 아니면 그냥 시간이 빨리 지나면 된다고 생각했어요. 지금은 얘기해야 한다고 생각해요. 조금이라도 했으면 더 좋았으리라 생각하고요. '좀 얘기할걸. 힘들다고 얘기할걸' 이렇게요. 그런데 정말 시간이 지나면 나아질 줄 알았거든요. 그런데 그게 아니고 시간이 지날수록 이런 증상들이 점점 더 힘들어졌어요."

고등학교에 올라와서 에스더는 더 이상 참지 못하고 부모님께 말했다고 했다.

"그런데 제가 더는 못 참겠기에 말했는데요. 부모님은 전혀 인식하지 못하고 있었어요. 그래서 "너 그래?" 하고 묻는 게 아니라 부모님이 너무 놀라서 "어…, 어…." 뭐 이런 말만 했던 것 같아요."

에스더가 자신의 고통을 부모님에게 얘기했을 때 부모님은 전혀 이해할 수 없었고 인정하지 못했다. 그러나 그녀의 자해 행동을 직접 목격한 엄마가 그녀를 이해하기 시작했다.

"제가 자해를 했었는데요. 더 이상 못 참아서 가위 같은 삐쭉한 걸로 긁었어요. 지금은 아니지만 팔, 가슴을 긁고 "엄마, 나 자해해."라고 말했어요. 그리고 이게 더 심해지면서 방학 동안 한국에 갔을 때 아주 힘들 때는 담배 빵을 손목에 해서 지졌어요."

에스더가 자해하고 나쁜 물질에 손을 대기 시작하면서 그녀의 부모는 그녀의 정신건강 고통을 이해했다고 한다. 에스더는 심리적으로 불안이 심해졌을 때 담배를 자주 피웠다고 했다.

"감정적으로 힘들 때 담배를 더 피웠어요. 울면서 담배를 피우면 약간 해소가 된 것 같았어요. 그냥 니코틴 느낌이 좋았어요."

그녀는 니코틴 중독이었다고 말하는데 화가 나면 손목에 담뱃불을 대기도 했다.

"좀 반항심 같은 게 있었어요. 1년 정도 이랬던 것 같아요. 아픔을 해소하는 것 같은 느낌이 있었어요. 술은 별로 안 좋아했고요."

그녀는 자신의 불안감을 해소하기 위해서 담배를 선택하였고 중독으로 갔지만 현재는 담배를 모두 끊었다.

에스더는 정신건강의 위기에 있을 때 자살을 시도했다고 했다.

"그날 자살을 결심한 날은 이상한 영이 나를 감싼 것 같아요. 우울하고 슬픈 게 아니라 '나 오늘 죽어야겠다. 나 오늘 할 수 있어. 이런 것. I can do it.' 이상한 에너지가 느껴졌어요. 확실하게 말할 수는 없어요."

그런데 자살을 시도하는 날, 하나님의 도우심으로 삶과 죽음의 경계선에서 살 수 있었다고 한다.

"자살 시도가 애매해서 아까 얘기를 잘 못했는데요. 신체적인 게 아니라 그날 살짝 독특한데요. 오늘 죽는다는 생각이 강했어요. 누가 나를 납치해서 죽이든지 나를 죽였으면 좋겠다는 생각이 아주 컸어요. 그때는 내가 크리스천인데 자살하면 지옥 가기는 싫었으니까요. 그래서 그냥 모르겠지만 누가 날 이렇게 공격하면 좋겠다고 생각했어요. 이런 생각으로 나가려고 했는데요.

그런데 평소에 아무런 얘기를 안 하던 엄마가 아무것도 모르는데 막

우는 거예요. 지금 생각해 보면 그때 하나님이 하셨다는 생각이 들어요. 엄마가 막 울면서 저 보고 "에스더 안 나가면 안 되겠니?" 그러는 거예요. 그날따라 보내기 싫다고 하셨어요. 그런데 그날 나는 속으로 결정한 날이었거든요. '나 오늘 죽는다.' 그런 날이었는데…. 진짜 밤이었고요. 그런데 엄마가 울면서 보내기 싫다고 했는데 제가 완강하게 해서 제가 나갔어요. 그런데 또 엄마가 너무 우니까 엄마 우는 모습을 보며 마음이 약해지는 거예요. 엄마가 막 울면서 저를 데리러 오면 안 되냐고 했어요. 그래서 진짜 30분 만에 엄마가 와서 나를 데리고 집에 갔어요."

에스더가 죽을 결심을 한 날은 이렇게 하나님의 은혜로 지나갔다고 한다. 시간이 지나고 에스더와 엄마가 이 상황을 얘기할 기회가 있었다고 했다.

"나중에 엄마랑 이 상황을 얘기했어요. 나중에요. 그날 내가 그런 날이었는데, 어떻게 알았냐고 물었어요. 엄마는 그런지 전혀 몰랐고, 그냥 너무 눈물이 나고 마음이 아프고 그래서 안 갔으면 좋겠다고 생각했다고 했어요. 그게 제일 컸다고 했어요. 엄마가 전에 저한테 한 번도 그런 적이 없었어요. 그래서 저도 엄마의 모습을 보고 놀랐어요."

에스더는 그날을 기억하면서 이상한 영이 자신에게 다가왔다고 했다.

"근데 제가 너무 슬펐을 때 자살 생각, 자해 생각은 안 했는데요. 그날 결심한 날은 이상한 영이 감싼 것 같았어요. 우울하고 슬픈 게 아니라 오늘 죽어야겠다는 결심이 섰으니깐요."

에스더는 자신이 힘들 때 가족에 대한 오해가 많았지만, 하나님과의 관계가 회복되어 가면서 담배도 끊을 수 있었다고 했다.

"여동생도 있고, 그때 하나님과 관계가 회복되면서 엄마에게 미안했어요. 방에서 담배를 피우면서 인생이 허무하다고 생각했어요. 그냥 내 마음대로 살자는 마음이 컸는데 엄마가 내 방에 들어왔어요. 물론 엄마는 내가 담배 피우는 걸 알고 있었어요. 부모님이 알든 말든 상관하지 않았고요. 그런데 엄마가 제 방에 들어왔는데 담배 기계가 막 작동하는데 그걸 지켜보는 엄마에게 너무 미안한 거예요. 엄마가 이걸 겪어야 하는 걸 제가 보면서 이해가 안 가는 거예요. 제가 그러면서도 너무 미안한 마음이 들었어요. 그래서 내가 이걸 확 버려야겠다고 생각했는데 정신과에 가면서 버렸어요. 엄마에게 미안했거든요."

정신건강의 위기가 있을 때는 나쁜 물질에 몰입하게 되는데, 에스더는 그것이 담배였고 하나님과 회복되면서 중독으로부터 회복되었다고 한다.

"그때는 힘들었을 때 계속 담배 피우고 그랬는데 하나님과 회복되고 이건 아닌 것 같아서 그만두었어요. 다행히 한 번에 끊었어요. 그런데 사람들이 한 번에 끊었다고 하면 잘 안 믿어요. 나는 진짜 감사하게 한 번에 끊었거든요. 안 한 지 꽤 됐어요."

에스더는 현재 한인교회에 12년째 다녔지만, 정신건강 위기와 관련해서는 담당 전도사님에게 말하지 않았다고 한다. 정신건강에 대해 말하는 분위기가 아니고, 굳이 말할 필요성이 없다고 생각했기 때문이다. 교회에서 정신건강 위기의 상담이나 교육도 없었기에 시간이 지나면 해결될 줄 알았다고 생각했다고 한다.

"목사님과 관계는 좋았던 것 같은데요. 내가 마음을 오픈하는 스타일이 아니었어요. 내가 얘기를 안 했던 것 같아요. 나 혼자 꽁꽁 묶었던 것 같아요. 그때는 청소년 그룹에 있었는데 소그룹에 있는 언니들이 도와줬어요. 나중에 한국에서 치료받고요. 시간이 지나서 얘기는 했어요. 도움을 요청한 게 아니고 그냥 힘들다는 정도로 얘기를 했는데, 언니들이 배려를 해줬어요. 뒷자리에 앉거나 그러면 제가 숨 쉬러 나간다고 하면 이해해 줬어요."

에스더는 11학년 정신건강 위기 최고조에 있을 때 교회 공동체 멤버들에게 얘기했고 교회에서 이해도 많이 해주고 돌봐 주고 자신의 이야기도 들어줬다고 한다. 그리고 목사님보다는 정신건강 위기에 있을 때 편한 사람으로 사모님을 찾았다고 한다.

"목사님보다 사모님에게 얘기했어요. 소그룹 리더셨어요. 목사님은 잘 들어 주실 것 같은데 얘기는 하지 않았어요. 어찌 됐든 사모님이 소그룹 리더라서 더 편해서 얘기했던 것 같아요. 그렇지만 저희 교회는 고등부가 40명 정도가 있는데요. 정신건강에 대해 말하는 분위기는 아니었어요. 내가 먼저 말을 하는 스타일이 아니었고, 나중에 얘기할 때는 몰랐다고 하셨어요."

에스더는 교회에 자신의 이야기를 적극적으로 할 수 없었던 이유가 말할 분위기가 아니었다고 느낀 것 같았다. 또한 자신이 사람들에게 요청하지 않은 이유에 대해서 다음과 같이 설명했다.

"힘들거나 도움이 필요할 때 말하지 않고 참는 습관이 좀 있어요. 그래서 도움이 필요하다는 생각을 못 했고요. 그냥 참으면 시간이 지나면 나아지리라 생각했어요. 내가 힘든 걸 잘 표현하지 못하는 것 같고요. 교회에 사람들이 많으면 방에 갇혀 있는 것 같아요. 호흡 곤란도 오고 심장이 미치듯이 쿵쾅쿵쾅 뛰어요. 그래서 예배드릴 때도 밖에 나가야 했어요. 화장실에 가고 나요. 사람들을 많이 경계하고 이런 식으로 살았던 것 같아요. 이런 트라우마는 어릴 때부터 시작했던 것 같아요."

에스더는 자기 정신건강의 위기에서 하나님과의 관계를 이렇게 설명했다.

"그때는 내가 신앙이 깊지 않아서 정신 문제가 생겼을 때 너무 놀라지도 않고 하나님에 대해서도 부정적인 생각을 하지 않았어요. 그런데 너무 힘들어지니 '왜? 나아지지 않지? 왜 낫지를 않지?' 이런 생각이 들었어요. 특히 크리스천인데 이런 일을 겪으니깐요. 이걸 통해 하나님이 어떻게 이끄시는지에 대해서 생각하게 되었고 정신건강의 문제는 크리스천에게도 있을 수 있는 문제라고 생각했어요."

에스더는 자신이 아플 때 크리스천이면 정신건강의 치료에 대해 기도할 때 들어 주셔야 한다고 생각했지만, 자신이 겪는 아픔 또한 하나님이 사람을 이끄시는 방법이라고 생각하면서 크리스천도 아플 수 있다고 생각했다. 무엇보다 에스더 자신의 아픔을 공유했을 때 교회 공동체의 도움으로 정신건강의 위기에서 많은 회복이 되었다고 한다.

"교회에서 도움을 굉장히 많이 줬어요. 이해를 많이 해주고 돌봐 주고요. 내가 얘기를 한 다음부터 도움을 많이 받았어요. 문자로도 잘 지내는지 물어봐 주고, 어떨 때는 옆에서 잠을 자주기도 하고, 맛있는 거 사주고 대화도 해주고요. 이런 것들 하나하나가 다 도움이 되었던 것 같아요."

에스더는 사람들에게 자신의 문제를 공유할 때 회복의 길로 접어들었다고 말하고 있다. 에스더는 스스로 부모님이 자신에 대해 완벽하기를 기대한다고 생각했었다. 힘들게 사는 부모님을 보면서 어릴 때부터 항상 잘해야 한다는 완벽한 생각이 있었고, 내가 잘해서 부모님에게 짐이 되지 않으려 했다고 한다. 나중에 에스더가 알게 된 점은 부모님이 자신을 위해 기도하고 참아내며 굉장히 힘든 시간을 보내셨다는 것을 알게 되었고, 부모님과 오해를 푼 후에 많이 회복되었다고 했다.

에스더는 자신과 같이 정신건강의 위기를 겪은 청소년들에게 "얘기할 사람이 없고, 그래서 곪아 터지고, 아파하고 있는 청소년이 있다면, 너무 잘하려고 하지 말고, 잘하고 있으니까 견디기만 하자. 충분하다."라고 얘기해 주고 싶다고 했다.

5 자해의 습관은 사실 사랑을 원하는 거예요

앤드류 이야기

저는 불안이 매우 심했어요. 그래서 자해를 많이 했어요. 자해하는 건 관심을 가져달라고, 힘들다고 생각해 주면 좋겠어요. 그런데 자해도 너무 힘들어요. 흔히 자해를 손목에 많이 하잖아요. 이게 생각보다 잘 보여요. 그러니 자해 자체를 관심을 가져달라고 생각하면 좋겠어요. 살고 싶다는 관심이요. 봐달라는 거 같아요.

앤드류는 20살이며, 한국에서 태어났다. 8살에 미국에 엄마와 동생들과 살다가 캐나다에 갔고, 16살에 다시 미국에 왔다고 한다. 앤드류는 현재 캘리포니아 남가주에 있는 예술 대학에서 미술을 전공하고 있다. 어릴 때부터 한인 이민교회에 경험이 있으며 부모님도 교회에 출석하고 있다. 중학교 때부터 우울증, 불안, 공황장애 판정을 받았다. 앤드류는 불안이 굉장히 심했고 불안할 때마다 자해를 습관처럼 했다고 했다.

"자해를 정말 많이 했어요. 손목에 칼을 긋는 것이요."

앤드류의 엄마가 정신과에 데리고 갔는데 본인은 기억이 정확하기 나지는 않지만, 학교 선생님의 제안으로 정신과에 갔던 것 같다고 한다. 앤드류는 정신건강의 최고의 위기 상태는 고등학교 때였다고 한다.

"9학년 때와 10학년 때가 제일 힘들었어요. 제가 이제 코리안 아메리칸이니까요. 근데 4학년 때 잠깐 한국에 들어갔었는데 문화가 너무 다른 거예요. 친구들은 한국문화에 어색하지 않고 그대로였어요. 피시방에 가서 게임하고요. 그런데 저는 집에서 게임만 하고 있었어요. 이런 게 당연할 수 있는데요. 저한테는 굉장히 신기했어요. 적응을 잘 못했어요. 한국문화와 미국 문화가 저의 정서와 맞지 않다고 생각했어요. 그래서 다시 미국에 왔어요."

앤드류는 부모님이 학업의 성취에 대한 압박감이 심했다고 한다.

"아빠가 학벌 위주로 말씀을 많이 하셨어요. 고등학교를 특별 고등학교로 가기를 원했지만, 저는 성적이 크게 떨어졌었어요. 부담감이 컸고 불안증이 그때 심하게 왔어요. 그리고 미국에 내가 살던 곳은 한국인이 굉장히 많이 있었어요. 저는 고등학교를 사립학교로 다녔는데 동네에 한국인이 많았고 학교 자체는 한 학년에 한 명씩밖에 없었어요. 그래서 부모님하고 멀리 떨어져 살다 보니깐 공감하는 게 좀 어려웠던 것 같아요. 힘들어도 말할 때가 없었어요. 그렇다고 학교에 가도 저를 공감해 줄 사람은 없었으니깐요."

앤드류는 부모님과 떨어져서 혼자 지내는 미국의 학교생활이 많이 외로웠다고 한다. 특히 사립학교였기에 부유한 친구들과 경제적 차이가 있어 힘들었다고 했다. "솔직하게 말하면요. 경제적인 건데요. 사립학교를 다니다 보니까 경제적으로 차이가 나는 애들을 많이 볼 수밖에 없어요. 그러니까 그 사이에 끼질 못했어요. 저는 인간관계를 잘 쌓는 편은 아니었어요. 이런 게 좀 많이 힘들었어요."

앤드류는 고등학교 때는 잘 몰랐지만, 교회에서 고등학교 시절을 얘기하다 보면 많은 애들이 학교 적응을 어려웠다고 했다고 말한다. "교회에서 얘기하다 보면 생각보다 힘들어하는 애들이 많은 것 같아요. 아이들과 얘기하다 보면 학교 적응을 어려워하는 게 나만 그러는 게 아니구나 싶었어요. 그래서 그런지 한국 아이들끼리 뭉치는 성향이 있지 않나 싶어요."

어려움을 공유한 코리안 아메리카 청년들이 공통점이 있어 공동체를 형성해 가는 것 같다고 했다. 앤드류의 아빠는 최고의 학벌을 많이 강조하셨다고 한다. "아빠는 미국에 아이비리그까지는 아니라고 해도 적어도 UCLA 레벨 정도나 미국 내 20위권 안에 드는 대학교에 가기를 원하셨어요. 저를 과외해 주는 형이 있었는데요. 그 형처럼 되기를 원하셨어요.

그 형이 가르쳐서 미국에서 20위권 학교를 다 붙었대요. 저도 그렇게 해주길 원하셨어요. 그게 제일 힘들었던 것 같아요."

앤드류의 아빠는 한국에서 최고의 대학 중 하나를 나왔지만 1위 대학을 나오지 않았다는 것 때문에 자존감이 낮아졌다고 생각했다. "아빠가 술을 마시면 하는 말이 있어요. 아빠가 서울대를 못 나왔고 고려대학교를 나왔대요. 서울대를 안 나온 것에 대해서 한국에서는 학교에 따라 무시당한다고 들었어요. 그래서 아무래도 학벌을 중요하게 생각하는 게 생긴 게 아닌가 싶어요."

한국에는 주변에서 학벌로 무시당하는 사람들도 많이 보았다고 한다. 앤드류의 아빠는 공부에 대한 기대치가 내려가면서 앤드류의 미래 계획을 세웠다고 한다. "아빠는 항상 두 번째 계획이 있었어요. 솔직히 한국이 그렇게 살기에 좋은 나라는 아닌 것 같죠? 그러니까 돈이 많은 집안이면 모르겠는데 공부로 안 될 것 같으면 기술을 배우라고 했어요. 아빠가 그런 말을 많이 했어요. 꼭 잘해야 하는 것은 아닌데 못 하겠으면 공부 그만하고 기술을 배우라고요."

가족과도 일상을 공유하는 일이 별로 없었다고 했다. 앤드류는 아버지와 맞지 않는 부분이 많다고 한다. "부모님이랑 대화를 많이 하는 편이 아니라서요. 아버지는 노는 걸 좋아하지 않았어요. 저는 노는 걸 아주 좋아하는데요. 아버지는 빈 시간을 그냥 두면 안 됐어요. 계속 바빠야 한다고 했어요. 근데 저는 늘어지고 있는 걸 좋아했어요. 그러면서 저도 아빠를 이해 못 했고, 아빠도 저를 이해 못 했어요. 엄마는 딱히 저에게 신경을 안 썼어요. 제가 할 것만 하면요. 그런 스타일이었어요. 부모님하고는. 별로 기억이 잘 나질 않아요."

정신건강의 문제가 생겼을 때 가족들은 처음에는 잘 몰랐다고 한다. "아버지는 잘 몰랐어요. 뭘 해야 하는지 병원을 찾아보거나 했던 일은 엄마가 찾았어요. 아빠는 엄마가 계획하면 부수적인 일들을 도와줬던 것 같아요. 동생은 오빠가 이런가 보다 하는 것 같았어요."

앤드류의 엄마도 우울증을 앓고 있어서 앤드류가 우울증이라고 할 때 딱히 신경을 안 썼다고 했다. 앤드류의 엄마는 한인교회에 출석하였지만, 엘리트 집단 성향이 있었고, 그 교회는 한국에 최상위 대학들 출신의 사람들이 다니는 교회여서 앤드류의 엄마도 그 정도의 대학이 아니라 무시당하였다고 했다.

또한 앤드류의 아빠는 교회의 부도덕한 행동에 실망했고 현재는 교회 공동체에 참가하지 않는다고 했다. "교회 생활이 그렇게 좋게 생각되지 않아요. 아빠와 엄마가 겪은 것은 부정적인 일이 많았어요. 아빠가 미션스쿨에서 일했는데 그때 미션스쿨에서 횡령으로 임원들이 모두 실형을 받았어요. 그래서 아버지가 교회를 잘 안 나가세요. 엄마는 교회를 나가지만 사람들과 어울리는 걸 꺼리세요. 교회 자체가 서울대, 연대, 고대, 그리고 인 서울(in-Seoul) 등의 상위권 대학의 사람들이 구성된 교회였는데요. 그러다 보니까 엄마는 그 정도까지 좋은 대학을 안 나왔거든요. 그래서 무시당한다고 했어요. 사람들 모임에 잘 끼지 못한다고 했어요."

앤드류는 부모님이 교회에 대해 좋은 인식을 두고 있지 않기에 본인에게도 영향을 미쳤다고 했다.

"최근에 느꼈던 것은 교회에서 연애하는 거요. 서로 만나고 헤어지는 것을 보면서, 그렇게 반복하는 게 좋지 않아 보였어요."

하지만 청년부에 참석하면서 어릴 때 경험한 어려움들을 회복하고 있다고 한다. "지금은 교회 청년부가 좋아요. 어릴 때보다 좋아요. 솔직히 말해서 아까 제가 말했던 것은 제가 겪은 일이 아니니깐요. 교회 다닐 때 재미도 있고 친해지기도 하고 마음이 편해요. 제가 지금 예술 대학에 다니는데요. 신앙적으로 힘들 때 같이 고민해 주니까요. 그런 면에서 좋아요."

하지만 현재의 교회에서 정신적으로 어려움을 겪을 때 기도를 부탁하지는 못한다고 했다. "정신건강의 위기가 있을 때 목사님에게 먼저 얘기할 것 같기는 한데요. 그냥 소그룹 리더에게 말해도 괜찮다고 생각해요. 근데 그들이 전문가는 아니잖아요. 전문적으로 배우신 분은 아니니깐요. 그러다 보니 성경을 같이 읽어 주는 게 맞다고 생각하는 것 같아요."

정신건강의 문제가 있었을 때 목회자에게 요청하기보다는 소그룹에 있는 친밀한 사람들에게 요청한다고 했다. 특히 그의 친구가 큰 도움을 주었다고 한다. "목사님은 뭐 해준 게 없어요. 교회 친구들이 도와줬어요. 중고등부가 아주 작았어요. 전도사님이랑 몇몇 없었어요. 그런데 신학대학교에서 기독교 심리학을 전공했던 친구가 교회 간사를 했는데, 저를 많이 도와줬어요. 제가 집 밖으로 안 나가려고 했거든요. 제일 컸던 것은요. 당시에는 한국인이라는 걸 별로 안 좋아했어요. 그러니까 한국인도 싫었고, 한국 커뮤니티도 싫었어요. 돌아다니면 한국인이 아닌 척하고 돌아다녔어요. 밖으로 나가서 한국어를 못하는 척한다거나 그랬어요."

앤드류는 미국에 사는 한국인이지만 한인이라는 정체성에 대해 혼란을 느끼고 있었다. 한국 문화가 싫어서 한국인인 것을 사람들에게 알리는 게 싫었다고 했다. "그냥 한국문화 자체가 싫었어요. 한국계 미국 문화도 싫었어요. 저한테 맞지 않다고 생각했던 것 같아요. 일단은 빨리빨리 문화가 싫었어요. 빨리빨리 확확 바뀌고, 너무 빨리 유행을 따라가고. 이런 것들이 너무 싫고요. 남을 깎아내리는 문화도 싫었어요. 그다음에 약간 눈치싸움 이런 것도 많이 봤어요. 그런 것들이 너무 싫었어요. 예를 들면 중국인들은 어떤 사람이 가게를 열면, 다 같이 잘되게 도와줘요. 개인이 잘 되는 것에 엄청나게 잘 도와준다고 생각해요. 그리고 잘 되면 서로 축하해주고, 다른 사람이 잘 되면 나도 따라 하려고 하지 않아요. 그런데 한국인은 하나가 잘 되면 다 따라 하려는 그런 느낌을 받았어요. 그런 문화가 너무 싫고, 이기주의자들처럼 보였어요."

앤드류는 정신건강의 위기에서 자해를 많이 시도했다. "자해를 정말 많이 했어요. 손목에다 칼을 긋는 것이요. 아까 말한 교회에서 간사한 친구가 우울증이 원래 있었는데요. 그 친구가 자해한 걸 보게 됐는데 인대와 뼈가 보이고 살 속에 뭐가 있는 거예요. 그때 느낀 게 사람이 그렇게 쉽게 죽지 않는다는 걸 알았어요. 그리고 그렇게까지는 못할 것 같았어요. 친구의 자해를 보며 막 토할 정도로 힘들었어요. 그래서 그때 자해를 멈췄어요. 그다음에 미술로 많이 표현했던 것 같아요. 제 힘든 마음을요."

자해를 많이 한 이유에 대해서 앤드류는 말하길, "저는 불안이 매우 심했어요. 그래서 자해를 많이 했어요. 그런데 그때를 뭐라고 해야 할까요. 자해할 만큼 힘이 있었다면 살아갈 힘이 있겠단 생각을 하게 되었어요. 자해하는 건 관심을 가져달라고, 힘들다고 생각해 주면 좋겠어요. 그런데 자해도 너무 힘들어요. 흔히 자해를 손목에 많이 하잖아요. 이게 생각보다 잘 보여요. 그러니 자해 자체의 관심을 가져달라고 생각하면 좋겠어요. 살고 싶다는 관심이요. 봐달라는 거 같아요."

앤드류는 자해는 즉 사랑해 주라는 관심을 달라는 표현이라 했다. 그는 공부를 많이 잘하고 싶었고 완벽하게 하려고 했다고 했다. "수학을 풀다가 예를 들어 한 문제만 틀렸다고 해도, 인터넷으로 새로 찾아서 또 풀고, 또 풀었어요. 모든 과목을 다 풀고 맞을 때까지요. 모의고사를 그렇게 완벽하게 하고 싶었는데, 학업이 부담이 너무 커서 그냥 완전히 그만두었어요."

앤드류의 불안 원인은 학업을 완벽하게 하지 못한다는 마음에서 비롯되었다고 했다. "앞으로의 계획을 말하거나 하면 사람들이 잘할 수 있다고 하는데 과연 그렇게 될 수 있을지 불안하고 압박을 많이 받았어요. 이걸 못하면 어떡하지? 못 해내면 어떡하지? 이런 것들요. 저한테는 학업적인 것이 제일 컸던 것 같아요."

앤드류는 학업에 대해 잘할 수 있을지에 대한 압박감이 컸고 술을 일주일에 평균 4번은 먹었다고 한다. "알코올 중독까지는 아니고요. 밤에 술을 안 마시면 잠을 못 잤어요. 합격증을 받기까지 그것 때문에 잠을 못 잤어요. 18살이 되고는 너무 자주 마셔서 중독되었는지도 몰랐어요. 기본적으로 일주일에 평균 4번은 먹었으니까요. 그게 문제였는지 아니면 진짜 힘들어서 그랬던 건지 잘 모르겠어요."

불안과 우울이 심해질수록 그는 마약과 담배를 사용했고, 특히 담배를 피웠다고 한다. "그리고 마약은 기말 시즌에 복용했었는데요. 두 번 정도 먹었는데 굳이 이걸 해야 하나 싶어서 안 했어요. 그런데 담배는 자주 피웠어요. 담배를 많이 의지했어요."

기독교인으로 술, 마약, 담배에 대한 생각을 이렇게 표현했다. "솔직히 말해서 죄책감은 크게 안 들었어요. 그런데 기독교인으로 마약은 하지 말아야겠다는 생각이 들었어요. 내가 이렇게까지 힘든데 이런 것들을 의지하면서 살아야 하는지 생각했어요."

앤드류는 술과 담배 문화를 교회에서 배웠다고 한다. "미국에서 사는 한국 아이들은 문화적으로 술을 많이 먹었던 것 같아요. 저는 교회에서 담배를 배웠어요. 제 주변에서 담배를 자주 피우는 애들은 교회를 다니는 애들이었어요. 몸에 나쁘니까 그만해야지 하는 생각이 있기는 한데요. 이게 죄까지 될 일이라고는 생각하지 않았어요. 그런데 술에 취하고서 나쁜 생각을 하고 그다음에 마약을 해서 이상한 생각을 하면 죄책감을 느끼게 되지만 다른 건 괜찮았어요."

앤드류는 술과 마약 담배를 하면서 자신의 불안을 해소하기 위해 자해를 시도했지만, 자해는 가족에게 숨기려고 했다고 한다. "가족들은 내가 자해하는 것을 안 좋게 생각하고 힘들어했어요. 그래서 최대한 자해를 숨기려고 했어요. 사실 자해가 좋은 것은 아니잖아요. 엄마 아빠가 보는 건 상관없는데 동생들이 보는 게 제일 속상했어요. 그래서 여름에도 집에서 긴소매 옷을 입고 있었어요."

엄마는 앤드류가 자해를 해서 신앙을 권면했고 상담 치료를 받으라고 했다. "일단은 한국문화랑 맞지 않아요. 미국에서 생활하면서 실제로 상담사를 찾으려고 했고요. 부모님이 저에게 맞는 상담사를 찾아주려고 했어요. 그리고 부모님이 교회에 출석하는 걸 좋아했어요. 신앙이 도움이 될 거로 생각했던 것 같아요."

그러나 앤드류는 교회 모임이 정신건강의 위기에 도움을 주지 못했다고 한다. "기도하다 보면 너무 결과에만 집착하는 것 같다고 생각해요. 솔직히 기도 제목을 나누면 성공하게 해주세요, 돈 많이 벌게 해주세요, 좋은 대학 가게 해주세요. 뭐 이런 기도 제목을 가지고 나누거든요. 이런 게 대개 사실적이고 실질적으로 눈앞에 보이는 거잖아요. 근데 많은 교회가 현생에서 이룰 수 있는 것들에 대해서 기도하는 게 정신건강을 해치는 일이 되지 않나 하는 생각이 들어요. 왜냐하면 그렇게 되는 게 어떻게 보면 부담감을 주는 일이거든요."

앤드류는 정신건강 문제에 있어서 교회 공동체의 도움이 매우 부정적이라고 생각하고 있었다. 현재 다니는 한인교회 목사님과도 친밀하지만, 정신건강 문제에 있어서는 도움이 되지 않는다고 한다.

"지금 다니는 교회의 목사님하고 얘기해 봤어요. 목사님하고 제가 생각하는 것이 좀 비슷해서 말했는데요. 정신건강과 관련해서 교인들이 우울, 불안 문제가 많을 거로 생각해요. 그런데 솔직히 이 부분을 꺼내기 민감한 부분이잖아요. 말하는 게 좋지 않을 것 같다고 생각해서 도움이 되는지도 모르겠어요. 솔직히 교회는 신앙심 보고 가는 거라서요."

앤드류는 목회자가 정신건강에 전문 지식이 없어서 영적인 것 외에 실질적인 도움이 되지 못했다고 한다. 그러나 정신건강 전문가가 그를 돕는다면 편하게 말할 수 있었을 것이라고 했다.

"정신건강 전문가가 돕는다면 좋을 것 같아요. 주변 사람들에게 정신과 간다고 하면 안 좋은 인식을 받거든요. 교회에서도 정신과가 나쁘다는 인식을 없앨 수 있다면 편하게 얘기할 수 있을 것 같아요. 그게 좀 아쉬워요. 애초에 생각하는 것 중 하나가 정신병이 없는 게 더 이상한 것 같아요."

교회에서 정신과 관련된 문제에 대한 편견과 왜곡이 재인식되어 전문가들이 양성되어 앤드류와 같은 고통에 있는 사람을 도울 수 있는 그런 교회를 꿈꿔본다.

6 뭐든지 끝까지 할 수 없어요

제임스 이야기

공부를 해도 머리에 들어오지 않으니깐요. 공부를 포기해도 그것 때문에 스트레스 받았어요. 초등학교 때부터 항상 숙제를 밀렸고 집중하기가 힘들었어요. 그래서 학교 다니기 싫었고 공부도 잘 안되고 잠만 잤어요. 학교를 잘 가겠다고 엄마랑 약속했는데요. 당연히 약속을 못 지키지요. 하나도 되는 게 없었고요. 인생은 그냥 높은 벽이었어요.

제임스는 한국에서 태어났으며, 6개월 때 부모님이 아시아 지역 선교사로 파송되면서 현지에서 2살까지 살다가 다시 부모님과 한국으로 가게 되었고, 9살 때 미국으로 가족과 함께 이민을 왔다. 제임스는 23살이며 목사 아빠, 전도사 엄마, 여동생이 있으며 여동생은 대학생이고 제임스도 미국 대학교에 재학 중이다. 제임스는 태어날 때부터 교회를 다녔고 현재도 미주 한인교회에 계속 다니고 있다.

"교회는 항상 다녔어요. 기독교인이라고 해야겠죠. 이민 생활은 나쁘지 않았어요. 그런데 셀 수 없을 만큼 교회를 옮겨 다녔어요. 교회 가는 게 재미가 없어서 일요일에 놀지 못하고 억지로 끌려갔어요."

제임스가 겪고 있는 사회 불안은 초등학교 때부터 있었다고 한다. "친구가 없었어요. 교회에서 친구를 사귈 일도 없었어요. 저는 교회를 좋아하지 않으니까요. 저도 교회 성도들에게 별로 신경을 쓰지 않았기 때문에 서로 관심이 없었어요. 목사님들에게도 별로 관심이 없는데요. 목사님들은 전문적인 것이 아니라 신적인 것으로만 믿기 때문에요. 기도하면 다 들어 주신다고 하는데 그런 식으로 얘기를 하는 게 병적으로 믿는 것 같아요. 그래서 저는 아무에게도 도움을 요청하지 않았어요. 공황장애는 약을 끊으면 또 생기는 병이라는 것을 알고 있었기 때문에 굳이 말할 필요를 못 느꼈어요."

제임스는 자신의 공황장애에 대해 목사님들은 오직 믿음과 기도로 치료하려고 하는 것이 꼭 마술과 같다고 했다. 그래서 목사님에게 상담받는 것은 기독교적인 것을 우선하시기에 기독교 상담은 좋지 않다고 생각하고 있었다. "시편 읽어라, 잠언 읽어라, 기도해라. 그러면 나아진다? 절대 아니죠. 기도한다고 다 고쳐지는 건가요? 저는 무식한 말이라고 생각해요. 우울증이나 불안 장애나 이런 것들은요. 상담으로 고칠 수 있겠지요. 뇌의 신경, 이런 것들이 망가졌으면 약으로 고쳐야 하거든요. 그래야 치료가 된다고 생각해요."

제임스는 정신건강의 문제에 있어서 기도만으로 치료하라는 목사님들이 전문적이지 않다고 생각했으며 정신건강의 문제는 전문적인 치료를 할 수 있는 영역이라고 했다. 그리고 교회에서 정신건강의 문제를 해결할 때 좁은 소견이 있다고 했다. "다른 사람의 시선에서 보면 그럴 수 있어요. 옛날 기독교인들은 무조건 기도로 고쳐야 한다고 생각했는데 이게 잘못된 거로 생각해요. 제가 아플 때 성경을 제대로 안 읽어서 그런다고 하는 사고방식이요. 굉장히 좁은 사고방식이죠."

제임스는 굉장히 아플 때 교회에 도움을 받은 적이 없다고 했다. "기독교인들이 나에게 도움을 하나도 안 줬어요. 그 사람들이 나에게 밥을 줬나요? 돈을 줬나요? 나한테 하나도 준 게 없잖아요. 아무것도 없어요."

기독교 상담도 전문적인 사람이 아니라면 도움이 될 수 없다고 했다. "기독교 상담은 좋지 않다고 생각해요. 그것도 기독교적인 것을 우선시할 거니까요. 상담심리에 대한 기반으로 하는 상담이 아니잖아요. 심리학자들이 사용하는 그런 치료가 아니잖아요. 기독교적인 것으로만 사용하니까 좋지 않을 것 같아요. 상담학적으로 따지면 전문인이 아니니까요."

정신건강의 위기를 겪을 때 자신의 증상을 이렇게 표현했다. "갑자기 심장이 빨리 뛰어요. 있지도 않은 일인데요. 일어 난 것 같아서 어떻게 보면 조현병 비슷한 건데요. 방에 아무도 없는데 누가 있는 것 같은 거지요. 누가 잠입해 있다가 누가 나에게 칼로 찌를 것 같은 것이라고 할까요. 그런데 아무도 없거든요. 그냥 미친 생각을 하는 거지요. 그러면 스스로 개소리하고 있네. 하면 또 괜찮아지는 것 같아요."

제임스는 정신건강의 위기에 대해서 많은 생각을 하고 있었다. "원래 미쳐서 그런 건지 아니면 약을 많이 해서 그런지 모르겠어요. 아니면 스트레스가 많아서 그런 건지 카페인을 많이 먹어서 그럴 수도 있고요. 약을 많이 사용한 것 같지도 않은데요."

제임스는 공부하다가 도중에 포기하는 자신에 대해서 학업 스트레스가 많았다고 한다. "공부를 해도 머리에 들어오지 않으니깐요. 공부를 포기해도 그것 때문에 스트레스받았어요. 옛날 초등학생 때부터 학원에 다녔는데요. 학원 숙제도 잘 안 했어요. 그런데 요즘은 좀 알겠어요. 제가 ADHD인 것 같아요. 근데 이걸 검사받으려고 해도 내가 약물을 섣불리 먹지 못하는 이유가 약간 제가 똘기가 있거든요. ADHD약을 잘 못 먹게 되면 뭐 또라이 같은 게 올라 올 수 있다고 생각해서요. '완전히 미치광이 새끼 되면 어떡하지'라는 생각이 들어요. 그래서 ADHD약을 안 먹는 것도 있어요."

제임스는 학교 공부에 집중할 수가 없어서 매우 힘들었고 포기하는 마음이 컸다고 한다. "그냥 뭐 공부를 안 했지요. 학교 가서 잠이나 자고요. 이렇게 그냥 개 또라이처럼 살았지요. 다 내 잘못이에요. 개 또라이였으니까요. 내 잘못이죠, 뭐."

초등학교 때부터 항상 숙제를 밀렸고 집중하기가 힘들었다고 했다. 그래서 학교 다니기 싫었고 공부도 잘 안되고 잠만 잤다고 했다. 제임스는 자신도, 부모님도 이런 정신병 증상에 대해 몰랐다고 했다.

"부모님은 나에게 밥을 먹게 해주고, 재워주고, 치료받게 도와줬어요. 저를 힘들게 한 것은 없었어요. 그냥 다 제 잘못이라고 한 건 내 증상을 나도 잘 몰랐어요. 그래서 내 병명을 이것저것 말하니까요. 병원에서도 이약 저 약을 줬는데요. 그래서 또라이가 된 것 같아요. 내가 내 자신의 무덤을 파지 않았나 싶은 거예요. 그래서 내가 정신과 약을 잘 먹지 않으려고 했던 것 같아요."

자신에 대해 잘 모르는 것에 대해서도 스스로 많은 스트레스를 받고 있다고 했다. "스트레스지요. 인생 스트레스요. 학교를 잘 가겠다고 엄마랑 약속했는데요. 당연히 약속을 못 지키지요. 내가 말한 것도 못 지키지, 공부도 잘 안되지요. 그렇다고 엄마 아빠가 정할 수 있는 게 아니고요."

기독교 가정에서 정신건강의 문제를 밝히는 것은 부담이 있었다고 한다. "엄마도 처음에는 이해를 못 했어요. 자신의 정신건강 문제를 자신도 잘 모르는데요. 저도 다른 사람의 정신건강을 모르는 거잖아요. 내가 어떻게 알겠어요. 그 애들이 정확하게 구체적으로 설명하지 않으면 모르잖아요. 기독교인이라고 해도 정신적으로 도와줄 수 없었던 것 같아요. 자기 자신만 할 수 있는 일 같았어요. 자신이 깨어날 수밖에 없는 거지요."

기독교 가정은 정신건강의 문제에 대해 안 좋은 시선으로 바라보는 시선이 있다고 했다. "부모는 이해하기가 쉽지 않아요. 불안의 정도에 따라 약을 먹어야 한다고 생각해요. 자기 자신의 속사정은 자신만 아니깐요."

부모가 정신건강의 위기를 이해하지 못했으며 자신의 증상이 심했을 때 인식했다고 했다.

"제가 집에 불을 지른다고 개소리하고 다니니까요. 부모님이 알았겠지요. 그냥 미친 새끼였어요. 지금 기억이 잘 안 나지만요. 옛날부터 화가 많았던 것 같아요. 하나도 되는 게 없었고요. 인생은 그냥 높은 벽이었어요. 제가 넘기에는요. 지금도 그렇고요. 저 위에 정상이 있지만 그 앞에 너무 높은 벽이 있다는 느낌요. 그 벽을 넘지 못하니까 그렇게 되는 거겠지요. 하고 싶은 게 있는데 하고 싶은 것도 못 하고, 내가 하던 대로 안 되고요. 그러니까요. 뭐, 그렇겠지요."

자신에 대한 실망은 자살에 관한 생각으로 이어졌다고 했다. "타 죽는 게 멋있다고 생각하는 게 있었어요. 왜 그러는지 모르겠는데요. 하여간 그랬어요. 말로만 자살 시도를 여러 번 했어요. 그런데 솔직히 안 했어요. 계속 미루었어요."

그러던 어느 날 제임스는 자살을 결심한 날이 있었다고 말했다. "오늘 수요일에는 진짜 죽는다고 생각했어요. 성적이 잘 안 나왔거든요. 그런데 그 수요일에 엄마가 저녁에 갈비탕을 해줘서 먹었어요. 나른해지고 잠이 와서 잤는데 일어나 보니 다음 날 7시였어요. 그래서 더럽게는 못 죽겠다 싶어 샤워했는데, 샤워하고 나면 또 알잖아요. 나른해져서 또 잤어요. 그리고 금요일에 진짜 할복해서 죽어야겠다고 생각했거든요. 할복해서 죽으면 좀 멋있다고 생각했어요. 근데 금요일은 게임을 할 수 있는 날이에요. 그래서 미루다가 또 월요일이 되고, 이러다가 안 하게 되었죠."

제임스의 부모님은 정신건강 문제에 대해 그대로 받아들이지 않았고 부모님은 잘 모르면서 그가 관심을 받으려고 하는 행동이라고 생각하는 것 같다고 했다.

"일단 진지하게 얘기해도요. 관심받으려고 그런다고 얘기했어요. 뭐,

그럴 수도 있고요. 그러니까 저는 부모님을 이해해요. 당연히 그렇겠지요. 기독교 가정에서 정신병 얘기를 하면 그렇잖아요. 부모님은 기독교 아이로 키웠는데 어려울 것 같아요. 다른 가정은 잘 모르겠어요. 저는 공황장애, 분노, 불안이 있어서 유치원 때부터 얘기하지 못했어요. 저는 뭐 심각하게 생각하지는 않았지만 크면 나아질 줄 알았어요."

특히 부모님이 이해할 수 없는 이유는 세대가 다르기 때문이라고 했다. "옛날 세대들은 이런 게 있는 것 같아요. 나는 참아왔는데 너는 왜 이렇게 못하냐? 나는 이렇게 강하게 자랐는데 너는 왜 이렇게 약하게 자랐냐? 뭐 이런 것들이 있거든요. 맞는 말이긴 해요. 그러니깐 자꾸 마음을 단단히 가지라고 하고요. 강해져야 한다고 해요. 그게 맞는 말이긴 해요. 맞는 말인데요. 정신건강에는 도움이 되지 않아요. 왜? 그 사람들만의 사상이 있어서 정신병이 있는 애들은 말도 안 되는 소리를 하는데 그게 맞는다고 생각하거든요. 그래서 깨달음이 필요한 거지요. 사람은 경험을 통해서 바뀌잖아요. 관심 결핍일 수도 있고요. 어떤 애들은 너무 오냐오냐 키워서 그렇게 된 것일 수도 있어요. 아니면 너무 엄하게 키워서 그럴 수도 있어요. 그러니까 모르는 거지요."

제임스의 부모는 자신을 엄하게 키웠다고 했다. "나는 뭐 그냥 꼴통 새끼였는데요. 기독교 자녀들은 대부분 엄하게 키워요. 너는 선교사 자녀 니깐 이렇게 해야 한다, 저렇게 해야 한다는 것도 있고요. 성경은 이렇게 하는데 너는 왜 안 하냐면서 말하기도 해요. 그리고 다른 사람과 비교하면서 너희는 우리보다 더 잘해야 한다. 뭐 이런 것들이 있어서 억압에 못 버텨서 돌아버리는 애들도 있어요. 저는 하나도 따르지 않았지만요. 그래서 저는 누구를 탓하지 않아요. 일단 옛날 세대들은 사상이 좁아서 그런 거니깐요."

제임스는 정신건강의 위기에 있을 때 술과 마약을 하게 되었다고 했다. "마약은 정신건강을 악화시키고, 술은 어느 정도 도움이 된 것 같아요."

그는 일주일에 한 번 마약을 했고, 술도 많이 마셨다고 했다. "한국에 가서 술을 엄청나게 먹었어요. 미국에서 마약도 매일 한 건 아니고요. 그냥 궁금했어요. 애들이 마약을 왜 할까? 그런데 마약을 해서 내가 미친 것 같기도 해요. 학교에 가면 애들이 마약을 줬는데 환각 증상이 일어나기도 했고, 변비가 심했어요. 그래서 이러다가 죽겠다고 싶어 끊었어요."

술과 담배, 마약이 정신건강에 도움이 되는 것에 대해서는, "매일 하지 않으면 괜찮다고 생각해요. 지금은 안 하지만요. 술이나 담배는 괜찮다고 생각해요. 그런데 마약은 악화시킨 것 같아요. 담배는 잘 안 해서 모르겠고요. 술은 어느 정도 도움이 된다고 생각해요. 그런데 지금은 먹을 생각이 없어요. 이런 것들을 다 해 봐서 생각보다 재미가 없다는 걸 알거든요. 지금은 모두 끊었어요."

그런데 제임스의 정신건강 위기가 고조에 있을 때 부모님의 훈계와 기도보다는 자신과 함께 공감해 주는 게 더 좋았다고 한다. "엄마가 술을 사 줬어요. 이게 저에게 도움이 됐어요. 엄마가 신실한 크리스천인데요. 저에게 술을 사줬잖아요. 밥도 해주고, 잘 때도 같이 있어 주고. 이런 것들이 도움이 됐어요."

제임스 엄마는 신실한 기독교인으로 그를 처음에는 이해하지 못해 지적하고 비판했지만, 그의 심각한 상태를 알고부터는 고통에 대해 공감했다고 한다. 이것이 오히려 제임스가 부모를 신뢰하는 방법이 되었고 술과 마약, 담배를 하지 않게 되었다고 했다.

제임스는 정신과를 다니면서 느낀 경험에 대해 얘기해줬다. "정신과 약을 먹으면 감정이 없는 것 같아요. 맹해지거든요. 사람이 그냥 좀비가 된 것 같아요. 나는 모르겠지만요. 그런데 약을 먹으면 시간이 빠르게 지나가요. 눈 깜빡하면 4시간이 그냥 지나가는 것 같아요. 그래서 남이 볼 때 어떤지가 궁금해요. 아마 그게 더 정확하겠지요. 상담보다 저는 약이 도움이 됐던 것 같아요."

정신건강의 위기에서 회복할 수 있는 계기가 된 것에 대해서, "정신병원 갔다 온 때가 제일 최고조였어요. 미쳤었으니까요. 스트레스는 없었어요. 정신과 약을 먹으면 머리만 멍해지거든요. 그런데 이게 정신을 되돌려 놓지는 않았던 것 같아요."

가족의 관계에 대해 제임스는, "가족이랑 똑같은 것 같은데요. 아빠랑 친해진 것 같아요. 제가 아빠랑 안 친했던 이유는 아빠를 싫어한 게 아니라 아빠가 바빴으니까요. 엄마 아빠 둘 다 바쁘니까요. 그러니까 친해질 뭐가 없었던 것 같아요."

정신병원에 입원하고 나서 제임스는 충격을 받았고 자신을 돌아보는 계기가 되었다고 했다. 현재 자신의 정신건강 상태에 대해서, "옛날에 약을 워낙 의존하다 보니까요. 이제는 약도 먹기 싫어요. 술도 많이 먹어보니까요. 이제 술도 싫어요. 그래서 안 해요. 하지만 가끔 완벽주의적인 성향은 나와요. 특히 게임을 할 때 이겨야 하는데 귀찮고, 창피한 게 아니라 짜증이 나는 거가 있어요. 갑자기 유튜브 아이디가 생각나지 않을 때도 있고요."

제임스는 자신의 어린 시절을 돌이켜 보면 화가 많았다고 했다. "제가 하고 싶었던 게 있었는데 안 되니깐요. 부정당한 느낌이랄까요. 학교에서도 제대로 생활하지 못했고, 공부도 안 되고, 애들이랑 매일 싸우고요. 애들이 나를 놀리면 저도 가만있지 않았어요. 영어도 해야 하고, 일요일에는 교회도 가야 하고. 지금 20대인데 아무것도 안 해요. 운전할 줄도 모르고, 귀도 한쪽이 안 들려요. 피아노도 끝까지 안 쳤어요. 끝까지 된 게 없어요. 그러다 보니 다른 사람의 시선에서 저는 게으른 사람이라고 생각할 것 같아요. 내가 봐도 그렇기는 한데 근데 좀 힘들었거든요."

제임스는 어릴 때부터 공부에 집중하는 일이 어려웠고 그나마 게임에 집중했다고 했다. "6학년 때부터 게임을 했어요. 공부에서 빠져나오는 유일한 길이었던 것 같아요. 요즘에는 게임도 재미없어요. 옛날에 재미있었던 게 지금은 재미없어서, 차라리 인앤아웃에 가서 10번 먹는 게 난 것 같아요."

제임스는 자신의 마음 상태에 대해서 스스로 많은 말을 했다고 한다. "저는 저 자신에게 이런 말을 많이 했어요. '너보다 심각한 애들 많으니까 정신을 차려라. 그거야! 강해져야 한다. 진짜로 일어나라고. 그것밖에 없어. 누워 있으면 일어나기 싫지만 일어나야 한다. 그것밖에 없어. 만약에 살고 싶으면 일어나. 뒤지고 싶으면 누워 있어. 살고 싶으면 일어나.' 이렇게 저한테 말하니깐 몸이 자동으로 일어나더라고요. 그래도 아주 가끔 걱정해요. 조현병은 아닌 것 같은데, 과대망상에 살고 환각도 좀 들리는 것 같아서요. 그런데 아닐 수도 있어요. 아마도 공황장애겠지요."

"20대에 접어들면서 무슨 일을 해야 할지 모르겠더라고요. 그렇다고 돈을 많이 벌고 싶지만 내가 뭐 능력이 있는 것도 아니니까요. 전에는 화를 푸는 방법이 성질내는 것, 벽 부수기, 컴퓨터 스크린 날아 차기 같은 걸 했어요. 요즘은 화날 때도 약을 하지 않아요. 좋게 푸는 게 맞는 것 같아요. 슬플 때 잊어버리자고 해요. 안 그래도 인생이 힘든데요. 이번에도 웃자. 이때만 웃자. 이럴 때라도 웃자. 그래서 그럴 때 쓱 하고 웃잖아요. 요즘은 유튜브 보면서 웃어요."

어린 시절에는 교회에 가는 게 스트레스가 많았다고 한다. "교회도 억지로 끌려가니까 스트레스가 심했어요. 하지만 커서는 생각이 달라졌어요. 기독교 부모님이 힘들긴 하지만 알코올 중독자 부모보다는 낫잖아요. 술에 취해서 저를 때리는 것도 아니고, 우리 집이 이혼 가정도 아니고요. 다른 사람보다 낫다 하고 그렇게 살았어요. 그리고 엄마 아빠가 나를 구해 줄 것 같았어요. 만약에 지옥에 가면 엄마 아빠가 하나님과 친하니까요. 옛날부터 교회 다니게 했으니까요. 20년 이상의 친분이 있으니깐 내가 만약 지옥에 가면 구해 주지 않을까 싶어요. 하나님과 협상할 수도 있잖아요."

정신건강이 위기에서 회복될 수 있었던 것은, "나 자신이 뭔가 깨달았던 것 같아요. 이렇게 가다가는 미래가 없다는걸요. 그래서 요즘에는 매일 저 자신과 싸워요."

제임스는 16세에 공황장애, 불안, 우울증을 판명받았다. 어릴 때부터 화가 많았고 집에 불을 지르고 싶다고 하거나 뛰어내리고 싶다고 말하기도 했었다. 17살에는 정신병원에 2박 3일 입원하기도 했다. 그런데 정신병원에 다녀온 일이 제임스의 인생에 중대한 분기점이 되어 정신건강 위기의 상황에서 다른 방향으로 회복되는 계기가 되었다.

제임스는 자신을 평가할 때 우울의 뿌리가 ADHD라고 생각했다. 어릴 때부터 무엇을 해도 집중이 되지 않았고 학업이나 다른 일도 포기하는 일이 잦아 스스로에 대한 실망이 있었다고 했다. 하지만 5년 전, 정신과에서 회복되었다고 판명을 받고 약을 먹지 않은 지 5년이 넘었다. 지금은 주일마다 예배에 참석하여 전보다 찬양을 부르는 게 좋고 무엇보다 가족과 가장 친밀해졌다고 말하고 있다.

7 제 말 좀 들어주세요! 저는 살고 싶어요

그레이스 이야기

일단 제가 말을 하면 세 번, 네 번, 다섯 번 정도 해야 할까? 제가 말하면 안 들리나 봐요. 제가 뭐라고 말하면 반응이 와야 하는데 반응이 없으니깐 더 크게 말하고. 저도 네 번, 다섯 번 말하니깐 그때부터 제가 화가 나기 시작하는 거예요. 말했는데 말을 안 하면 무시당하는 것 같아요. 가족들이 못 들었다고 그래도 너무 화가 났어요.

그레이스는 23세이며 한국에서 태어났다. 5살에 동부 아시아권에 부모님이 선교사로 파송되었다가 9살에 미국으로 가족과 함께 이주했으며 부모님은 선교지로 복귀하고 그레이스는 미국에서 신학대학교를 졸업했다. 아빠는 선교사이며, 엄마는 신실한 크리스천이다. 언니가 두 명 있는데 첫째 언니는 미국 신학대학원에 다니고 목사와 결혼하여 남가주 교회에서 사역하고 있고, 둘째 언니는 미국 남가주 신학대학원에서 공부하는 중이며 교회에서 청소년 사역을 하고 있다.

그레이스는 교회에 대해서

"미국에서 신학대학교에 다닐 때, 마지막에 만난 교회가 좋았어요.

미주 한인교회였는데 작은 교회였어요. 10명 정도 성인만 있는 교회였고요. 제가 고른 교회가 아니라 부모님을 따라간 교회였는데 괜찮았어요."

그레이스는 지금껏 부모님을 따라 교회를 다녀 외로웠다고 했다.

"교회를 다닐 때는 그냥 조용히 있어야 했어요. 어른들은 말씀하시고 저는 밥 먹을 때 밥 먹고, 인사하고 그런 것밖에 없었어요. 저랑 비슷한 또래도 없고요. 그래서 어른 예배에 항상 참석했어요. 어렸을 때부터 대예배를 드리고, 제 나이에 맞는 신앙교육이나 찬양은 하지 못했어요."

그레이스는 교회에 또래 친구가 없었기 때문에 조금 어색하고 불편했다고 한다.

"일단 믿을 만한 어른이 없었어요. 어른들의 시선이 차갑게 느껴졌어요. 저를 사랑의 눈으로 보는 게 아닌 것 같았어요. 그래서 제 생각 같은 건 표현하면 안 된다고 생각했어요. 옆에 어른들이 있을 때는 조용히 하고 있어야 했어요."

교회를 다닐 때 어른들 앞에서 항상 조용하고 있어야 하는 것은 그레이스 엄마의 영향이 컸다고 한다.

"엄마가 그렇게 하라고 했어요. 조용히요. 어른들이 얘기할 때는 조용히 있고요, 뛰어다니지 말고요, 조용히 밥 먹고 있으라고 했어요."

그레이스는 목회자 자녀로 항상 교회에서 모범적으로 행동해야 했다고 한다. 정신건강의 위기가 왔을 때 교회에서 자신의 정신문제를 부정적인 선입견으로 바라보는 것 같았어요. 그래서 고등학교나 교회가 힘든 곳이었다고 한다.

"지금 많이 좋아진 것 같아요. 전에는 정신병이라고 해서 막 가두기도 했던 것 같은데, 만약 그렇게 생각했다면 절대 밝히면 안 되는 것 같아요. 주홍 글씨처럼 낙인이 찍히니깐요."

그녀는 정신건강은 누구나 겪을 수 있는 병이라고 했다.

"정신건강은 누구나 겪을 수 있고요. 누구나 아플 수 있다고 생각해요. 그래서 정신건강도 육체 건강처럼 체크를 해야 한다고 생각해요. 그런데 인식은 바뀐 것 같지만 아직 시스템적으로는 부족한 것 같아요. 교회에 상담가라든가 이런 문제를 도와줄 수 있는 부서가 없잖아요."

그녀는 교회에서 이런 부분을 도울 수 있는 시스템이 있으면 좋겠다고 했다.

"저는요. 목회자가 영적인 것을 포함에서 모든 게 다 연결되어 있다고 생각해요. 그래서 설교만 하고 끝나는 게 아니라 한 명, 한 명 진심으로 체크하고 돌봐야 한다고 생각해요. 그렇지만 목사님들이 관심이 없는 것 같아요. 그래서 저도 말할 생각도 못 했던 것 같아요."

태어날 때부터 다닌 교회에는 정작 그녀가 아플 때 도와달라고 요청하지 못했다고 했다.

"사람이 정말 교제와 관계로 형성되어 있다는 것을 안다면 마음으로 힘든 사람에게 누군가 먼저 다가와 줬으면 해요. 그래서 힘들 때나 안 힘들 때도 서로 신뢰가 형성되어야 양육이 되지 않을까 싶어요."

그레이스는 한 사람의 돌봄과 사랑을 통해 예수 그리스도의 사랑을 다시 경험하였다고 한다.

"대학에 다니면서 목사님에 대한 제가 갖고 있던 이미지가 바뀌었어요. 목사님이 진정으로 사랑해 준다고 생각했어요. 이것이 예수님의 사랑이라는 걸 알았어요. 목사님은 밥 먹고 얘기하고 들어주고 관계를 중요하게 여겼어요. 설교만 하는 그런 분이 아니었어요."

또한 그레이스는 목사님들은 정신건강 전문가가 아니기에 도움이 되지 않았다고 했다. 몸이 아프면 병원에 가듯이 마음이 아프면 상담 및 정신건강 치료가 필요하다고 했다. 무엇보다 교회에 상담 전문가 및 정신건강 세미나와 같은 예방과 치료가 중요하다고 했다.

"전문가의 상담이나 세미나가 중요한 것 같아요. 왜냐하면 부정적인 것이 아니라 누구나 아플 수 있다는 것을 인식시켜 주는 거예요. 그리고 어떻게 하면 개선할 수 있는지 방향성을 잡아 주는 거잖아요. 성도님들도 교역자들도 다 알아야 한다고 생각해요."

그레이스는 영적, 상담, 치료를 함께하는 정신건강 서비스에 접근해야 한다고 했다. 또한 그레이스는 초등학교 2학년 때부터 불안이 시작되었는데 그때 또래 아이들에게 따돌림을 당했다고 한다.

"2학년 때 계속 왕따를 당했어요. 지금 생각하면 심각하게 왕따를 당했다고 생각하지는 않지만요. 거절감 같은 거요. 제가 예쁜 옷을 입고 가면 애들이 질투하는 것 같았어요. 그러다 내가 좋아하는 것도 포기하면서 점점 내가 행복해질 수 있는 권리들을 내려놨어요."

타인의 시선에 맞추다 보니 자신을 잃는 것 같았고 초등학교 2학년 때 누구도 알려주지는 않았지만, 갑자기 죽고 싶다는 생각이 들었다고 했다.

"주방에 식칼로 배를 찔러 볼까, 하는 생각이 들었어요. 아무도 가르쳐 주지 않았고 알려주지도 않았는데 말이죠. 지금 생각해 보면 이건 영적 싸움이고 정신적인 싸움인 것 같아요. 내가 아주 힘들었다는 생각이 들어요. 이런 생각이 초등학교 2학년 때 생각이니깐요."

사춘기에 접어들면서 공황장애는 굉장히 심해졌고 우울증, 불안 장애, 수치심, 완벽주의, 자살 시도로 이어지기도 했다고 한다.

"선교지에 있을 때가 중학교 때부터 고등학교 때까지였는데요. 그때 아파트에 살았어요. 7층 아니면 11층에서 뛰어내릴 생각을 계속했어요. 그런데 스스로 목숨을 끊었을 때 지옥에 가면 어떻게 하지? 하나님 앞에 갔을 때 진짜 천국에 갈 수 있는지 궁금했어요. 자살하더라도 말이죠. 이런 생각 때문에 자살하지 못했어요. 또 언니가 이런 얘기를 해줬어요. 어떤 아내가 남편을 잃은 사람을 과부라고 하는데 자식을 잃은 부모는 이름이 없다고…. 내가 죽으면 평생 가족에게 고통을 주는 건데 이걸 내가 원하는지 생각했어요. 그리고 엄마 아빠가 선교사를 계속할 수 있을지도요."

무엇보다 자신이 자살을 선택했을 때 사람들에게 금방 잊혀질까봐 서운한 마음이 들었다고 했다.

"내가 억울한 것이 있었어요. 죽는다고 해서 잠깐 떠들썩하고 잊을 텐데요. 죽어도 바뀌지는 않을 거란 생각들이 저를 막았어요. 지금 생각해보면 하나님께 감사한 거예요. 그런 두려움이 있어서 더 이렇게 하지 않았다는 것에 대해 감사해요. 포기했으면 이런 행복한 날들도 경험하지 못했을 테니까요."

또한 그레이스가 억울한 부분은 자신의 정신 질병을 자신은 당연하다고 생각했지만, 그녀의 엄마는 사람들에게 감추었다는 점이었다. 그녀의 엄마는 딸이 아프다는 걸 수치로 여겼다고 한다.

"저는 떳떳했지만, 엄마는 제가 우울증이라는 게 굉장히 수치라고 생각했어요. 제가 우울증인 것 같다고 말하면 엄마는 너는 절대 우울증이 아니라고만 얘기했어요. 아빠와 엄마는 신앙적으로 모범이 되어야 하는데 정신 질병이 생기면 교회에서 부끄러움을 당할 거로 생각한 것 같아요."

그래서 그레이스는 부모님에게 자신의 정신건강 문제를 증명하는 것에 대해 고민했다고 한다.

"나는 어떻게 하면 증명을 할 수 있을지 생각했어요. 어떻게 하면 내가 정말 심각하다는 걸 알릴 수 있을지를 생각했어요. 어떻게 하면 내가 치료받을 수 있지? 이런 고민이요."

그녀가 보기에 그녀의 부모님들은 기독교인으로 정신건강에 대해서 이렇게 표현했다고 했다.

"모르겠어요. 부모님이 인정하기 싫었던 것 같아요. 아빠 쪽으로 유전적으로 우울증이 있었으니까요. 그런 것을 앎에도 불구하고 내 딸은 아니길 바랐던 것 같아요. 저의 정신 문제는 부정당한 거죠."

하지만 그녀의 부모님이 그레이스의 우울증을 인정하기 시작한 계기가 있었다.

"인정을 안 할 수 없는 게 제가 막 아파트에서 뛰어내리려고 했거든요. 매우 심각했으니까요. 그냥 진짜로 지금 생각해 보면 많이 힘드셨을 것 같아요. 엄마와 아빠도요. 그런데 그때는 나 밖에 안 보였어요. 나만 힘든 것 같았어요. 가족이 전체 다 힘들었을 텐데, 모르지 않았지만 다 같이 우울했어요."

그레이스는 심리적 증상으로 가슴이 쪼이고 누르면서 아팠고, 무기력하고 삶의 의욕이 없었다고 했다.

"바다에 깊이 빠져서 계속 내려가는 느낌이 있었어요. 빛도 없는 깊은 바다에 잡을 것도 없는데 압력은 점점 세지고요."

그레이스는 우울증 외에 공황 발작을 15살에 했는데 사람이 많은 장소나 교회에서 한 달에 두세 번 쓰러졌다고 했다.

"사실 뭐 공황장애는 별개였어요. 15살 때부터 시작했거든요. 교회 갈 때마다 영적인 공격처럼 항상 숨이 안 쉬어지고요. 쓰러지고 그랬어요. 사람들이 많은 곳에서도 그랬어요. 그러다 대학에 갈 때쯤 좀 괜찮아졌어요. 저는 물이 항상 가방에 있어야 해요. 물이 없으면 불안해요. 그래도 현재 공황발작은 없어진 것 같아요."

그레이스는 정신건강의 위기 때문에 학업에 집중할 수 없었고 학교생활에 전혀 의욕이 없었다고 했다. 또한 흥미가 없고, 살아갈 의욕이 없었다고 한다.

"집중이 안 됐어요. 왜 공부를 해야 하나? 공부가 안되는데요. 근데 뭐 숙제는 했어요. 전혀 의욕이 없었어요. 뭐 잘해야 한다는 생각이 전혀 없고요. 공부를 뭐 좋아하지도 않았고요. 학교생활이 좋지 않았어요. 그냥 가기 싫고, 하고 싶은 의욕이나 흥미가 있으면 살아갈 의욕이 있을 텐데 유튜브 영상 말고는 내가 경험 할 수 있는 것도 없고요, 그냥 집, 학교, 교회 뭐. 이런 것밖에 없으니까요. 뭔가 창의적인 걸 배웠으면 좋겠다는 생각은 했던 것 같아요. 그때는요."

그녀는 정신건강의 문제로 인해 성적은 애초에 관심이 없었고 더 이상 노력도 하지 않았다고 한다.

"학교생활도 힘들었어요. 은근히 왕따가 되니까요. 재미가 없었어요. 문화 차이는 없었는데요. 그런데 그들이 받아 주지 않은 것 같아요."

그레이스는 3명의 자매 중 막내이지만 가정의 위계질서가 강해 유교적 예의에 따라야 했다고 한다.

"제가 스스로 느꼈던 압박감이 있었어요. 제일 중요한 것은 약간 유교적인 문화가 있었어요. 그래서 예의를 갖춰야 하고, 위계질서가 중요했어요. 저는 막내라서 사랑받고 그런 게 아니라, 무조건 언니들이랑 싸우면 제 잘못이 아니어도 제 잘못이 되어 버렸어요. 그냥 어리고, 막내라는 이유만으로요. 그리고 억울한 게 언니들이랑 싸워도 제가 대들었다고 생각해요."

그레이스는 가정에서 자신을 미운 오리 새끼라고 했다. 자신은 가족 안에 있어야 할 사람이 아니라는 말을 했고 자신이 아무리 노력해도 틀린 사람 같았다고 했다.

"그래서 집에서나 학교에서도 '나는 미운 오리 새끼인가? 여기에 있어야 할 사람이 아닌가?'라는 생각했어요. 저는 노력을 하고 도덕적으로 착하게 노력하며 살아야 하는 완벽주의 성향이 강해요. 아무리 내가 착해도 상위 평준화된 이런 저의 가치가 있어서 그런지 아무리 노력해도 나는 틀린 사람이고, 무시당하는 일이 너무 크다 보니까 목소리도 작아지고. 목소리가 작으니까 안 들리고 자꾸 위축되었던 것 같아요. 그 안에 있는 내가 싫었던 것 같아요. 나도 내가 누구인지 모르는 그런 거요."

그레이스는 항상 노력하고 착하게 살려고 완벽하게 해도 가정에서 자신은 무시당하는 기분이었다고 했다.

"일단 제가 말을 하면 세 번, 네 번, 다섯 번 정도 해야 할까? 제가 말하면 안 들리나 봐요. 제가 뭐라고 말하면 반응이 와야 하는데 반응이 없으니깐 더 크게 말하고. 저도 네 번, 다섯 번 말하니깐 그때부터 제가 화가 나기 시작하는 거예요. 말했는데 말을 안 하면 무시당하는 것 같아요. 가족들이 못 들었다고 그래도 너무 화가 났어요."

그레이스는 가족에게 어떤 것을 질문하였을 때 대답이 없는 그 자체가 거절감으로 다가왔고 이러한 관계는 인간관계에도 영향을 미쳤다.

"그때는 표현은 안 했지만, 같이 힘들어했어요. 나는 그때 당시에는 나에게 관심이 없다고 생각했거든요. 내가 뭐 죽든 말든 알아서 해결하라는 줄 알았어요. 그때는 이렇게 생각했는데 지금 생각해 보면 같이 고통스러웠고, 같이 기도를 많이 했던 것 같아요. 어떻게 표현해야 할지 몰랐을 수도 있겠다는 생각이 들어요. 물론 제가 원했던 표현이나 공감 방식은 없었지만요. 그래서 친구든 가족이든 누구든지 대답이 없으면 거절감이 더 컸던 것 같아요. 그리고 모든 일과 관계에 완벽해야 한다는 마음이 있었어요. 사람들에게 착해 보여야 한다는 착한 아이 증후군도 있었던 것 같고요."

그레이스는 자신의 증상을 엄마에게 얘기했지만, 인정과 수용하지 않았기에 정신건강 위기에서 믿을 만한 어른과 사람 지원받을 만한 곳이 필요하다고 했다.

"믿을 만한 상담사, 어른이 없었어요. 지원을 받을 곳이 없었어요. 한국인들의 인식에는 어떻게 해야 할지 모르겠고요. 그냥 영적인 싸움이라 생각하고 지나가겠지요. 저는 기도는 도움이 된다고 생각해요. 하지만 정신건강에 대한 지식이 없는 게 안타깝다고 생각해요. 영적 멘토, 상담, 기도가 다 같이 가야 할 것 같은데 너무 한쪽 면만 보는 것 같아요."

그러나 다행히도 그녀는 크리스천 학교에서 선생님을 통해 상담을 추천받았고 치료를 받기 시작했다고 한다.

"11학년 때 제가 학교 교장 선생님 추천으로 처음 상담을 받았어요. 미국 백인 선생님이었는데 비밀을 보장해 주고 걱정이 되지 않았어요. 솔직하게 다 얘기를 꺼내도 되고요. 처음으로 믿을 만한 어른이 있다는 생각이 들었어요. 그때 제가 조금 일찍 상담받았다면 조금 더 자유롭게 생각할 수 있지 않았을지 하는 생각을 했어요. 상담을 받으며 이런 일은 누구나 겪을 수 있는 거란 걸 알았어요."

그레이스는 상담을 조금만 더 일찍 받았으면 더 빨리 회복되었을 거라고 했다. 그녀는 상담을 통해 자신에 대해 알게 되었고 지금은 직장생활 하고 있다고 한다. 그레이스는 지금 정신건강의 위기에 고통을 받는 청소년이 있다면 완벽하지 않아도 된다고 말하고 싶다고 했다.

"저는 완벽한 모습으로 하나님 앞에 나가야 한다고 생각했지만, 있는 그대로 하나님께 나와도 된다고 말해주고 싶어요. 기도도 완벽하게 해야 한다고 생각했는데 언니가 그냥 솔직하게 다 말해도 된다고 했어요. 누군가가 너무 싫다고 해도 솔직하게 말하라고 했어요. 그러면서 다윗도 상대를 저주하고 그랬다고 말해줬어요. 저는 그래도 된다는 말에 자유함을 얻었어요. 어릴 때부터 하나님을 알았다고 했지만, 마음으로는 하나님한테 나아 갈 때는 좀 더 깨끗하게 나아가야 하는 거 아닌가 생각했던 게 잘못된 거였어요. 이미 날 아시는데, 날 사랑하는 하나님인데요."

그레이스는 학교 선생님의 권유로 상담과 치료를 받기 시작했고 부모님이 그때부터 돕기 시작했다고 한다. 그녀는 하나님 앞에서 그냥 솔직하게 자신의 마음을 표현하는 것과 사람들의 시선과 기대에 착한 사람으로 비추기 위한 완벽을 내려놓는 것이 회복의 길이라고 전했다.

8 무서운 중독, 저는 도움이 필요했어요!

요셉 이야기

완전 수치심과 죄책감이 엄청 있었어요. 성경에 보면 간음한 사람에 대해 많이 얘기하잖아요. 근데 표면적으로 드러난 사람만 얘기한 건 아니잖아요. 속으로 생각한 것만으로도 간음했다고 했는데 저는 영상물을 찾아봤으니 어떻겠어요. 그래서 죄책감이 크게 생기면 묵상도 못 하겠고 음란한 마음이 드는 거에요. 그러면 다시 음란물을 찾아보는 거지요.

요셉은 한국에서 태어났고 현재 23살이다. 그에게는 누나가 두 명 있고 부모님과 함께 신앙생활을 하고 있다. 요셉은 한인교회에 출석하고 있으며 현재 캘리포니아에 있는 신학대학교에 재학 중이다.

"저 같은 경우는 딜레마가 있는 게 있었어요. 저는 완전히 한국문화에 적응된 사람이거든요. 근데 미국 한인교회에 참석했는데요. 코리아 그룹의 성인들은 한국말을 하고요. 영어 그룹에는 제 또래 친구들이 많았어요. 그런데 제가 영어가 그렇게 수월하지 않았어요. 그러다 보니 제가 둘 다 참석하게 되었는데 저는 조금 깊은 대화를 하고 싶지만, 언어적인 장벽 때문에 마치 대화가 잘 안될 때가 있었고요. 그래서 영어 그룹이 좀 부담감으로 왔어요. 그래서 코리아 그룹으로 옮길까 했는데요. 거기에는 친구들이 없었어요. 재미가 없었거든요. 그럴 걸 많이 느꼈어요."

요셉은 자신이 미국 한인교회에 적응을 아주 잘하리라 생각했다고 한다. "저는 나름 잘 지내고 있다고 생각했어요. 어릴 때도 미션스쿨을 다녔거든요."

그런데 자신이 훈련받았던 공동체와 현재 교회의 분위기는 매우 달랐다고 했다. "교회 성도들의 섬김이 뭔가 형식적인 것 같아요. 부서마다 사역하는 사람들을 보면요. 저는 사람들이 뭔가 열심히 섬기는 모습을 보면 굉장히 좋은데 예수님을 사랑해서 하는 것보다는 그냥 뭐 회사에서 일할 때 받는 느낌이랑 비슷해요. 그래서 교회에서 이렇게 하는 게 맞나 싶었어요."

요셉은 어릴 때부터 분노 이슈가 있었으며 정서적으로 우울했다고 했다. "저는 약간 우울한 적이 많았어요. 술과 담배도 한 적이 있었어요. 중독까지는 아니고요. 궁금해서 해봤고, 친구와 어울리기 위해서 술을 먹었어요."

호기심으로 술과 담배에 대한 경험은 있지만 그보다 초등학교 2~3학년 때 포르노그래피를 핸드폰으로 접하면서 고등학교에 다닐 때는 제어할 수 없을 만큼 심했다고 했다.

"어느 날, 교회 끝나고 아는 동생 집에 갔어요. 동생이 나보고 이런 것들 아느냐고 물어봤어요. 남자랑 여자랑 막 이렇게 한다고요. 그때는 무슨 말인지 알지 못했어요. 저도 초등학교 2~3학년이었으니 어리잖아요. 그런데 그때 보고 충격이었어요. 그런데 이게 정말 신기한 게요. 처음에는 지저분하고 더럽다고 느꼈는데요. 시간이 지날수록 계속 생각이 나는 거예요. 많이 볼 때가 고등학교 때였던 것 같아요. 외롭기도 하고, 문제가 많기도 하고요. 사람들이랑 얘기도 잘 하지 않을 때니 그때 완전히 많이 보면서 정상적인 사고를 못 할 것 같다는 생각이 들었어요. 그래서 고등학교 이후에는 내 의지로 끊어 보려고 많이 했어요. 그런데 잘 안되더라고요."

자신을 포르노그래피에 중독되었다고 했다. 그런데 모태신앙으로 교회를 계속 다녀도 자신의 중독 문제를 교회 리더들에게 상의하지 못했다고 했다.

"저는 교회에서 그런 얘기를 해본 적이 없어요. 목회자라든지 리더나 부모님한테도요. 속마음을 얘기한 적이 없어요. 그래서 혼자 고민하고 그러다가 해결 방법이 생기면 시도해 보긴 했지만 거의 고민하다가 모르는 척하는 거예요. 그러다 보니 해결하지 못하고 그냥 넘어갔어요."

초등학교 2학년 때부터 시작된 포르노그래피 문제를 상의하지 못한 이유에 대해서, "저는 사람들의 시선이 가장 컸어요. 인정받고 싶었거든요. 너는 착한 아이다, 믿음의 사람이라는 마음이 있었어요. 제가 미션스쿨 다닐 때 사고를 많이 쳤어요. 하지 말아야 할 일들을 많이 했어요. 규칙이 많았는데 제가 많이 어기고 살아서요. 그것 때문에 엄마 아빠한테 피해가 갔어요. 엄마가 학교 왔다 갔다가 해야 했고요. 속을 많이 썩인 것들에 대해 엄마·아빠에게 굉장히 미안했어요. 그래서 이제라도 부모님에게 잘못하고 싶지 않은 마음이 있었어요. 그래서 저의 고민이거나 어려움을 부모님에게 얘기하고 싶지 않았고, 부모님에게는 잘하는 것을 보여 주고 싶었어요. 교회에 있는 사람들한테도요."

요셉은 만약 목사님이 상담 전문가였다면 도움을 요청했을 것이라고 했다. "목사님은 기도해 주실 분이라는 것을 충분히 알지요. 그런데 얘기를 해본 적이 없어요. 목사님은 정신건강 전문가가 아니니까요. 이런 분야에 대해서는 영적인 부분으로 해석하고 끝낼 수 있을 것 같고요. 전에 미션스쿨 다닐 때 이건 죄라는 얘기만 해줬거든요. 대책을 주지도 않았고요."

요셉은 어릴 때부터 미션스쿨에 다녔으며 학교는 규율이 매우 심했다고 했고, 부모님도 모범적으로 생활하기를 바라셨다고 했다. 그러나 요셉은 스스로 창피했다고 한다.

"저는 정확하게 말하기 그렇지만 수치심이 많았던 것 같아요. 우울함이라고 해야 할지 잘 모르겠는데요. 중학교 2-3학년 때 사고를 많이 쳤어요. 선생님들이랑 몸으로 싸우고요. 학교 수업 시간에 밖에 나가고요. 연애하지 말라고 했는데 연애하다 걸리고요. 그리고 선생님들한테 화를 냈던 것 같아요."

요셉은 학교에서 화를 주체하지 못하는 일들이 많았다고 한다. "저는 중학교부터 고등학교 때까지 미션스쿨을 다녔는데요. 화를 참지 못하고 밖으로 표출하다가 선생님들하고 싸우고요. 그러면 미션 학교에서는 제가 잘못한 것들을 모두 글로 쓰게 했어요. 그리고 죄인이라는 것을 깨닫게 했어요. 전교생 앞에서 제가 쓴 것을 읽게 했어요. 거의 한 100명 정도 앞에서요. 다 읽으면 제가 잘못한 건 알겠는데 엄청 수치스러운 거예요. 이렇게까지 해야 하나 싶었고, 이제는 뭔가 잘못을 하면 사람들 앞에서 이렇게 수치를 당한다는 것을 알게 되니깐 싫은 거예요. 이제는 이런 게 싫은 것에요. 그럴 때 매우 우울해요. 나는 왜 이렇게 화를 참지 못하고 이런 일을 만들까, 그래서 사람들 앞에서 부끄러움을 당해야 하나 싶거든요."

요셉은 선생님과 친구들과 싸웠고 나쁜 아이로 낙인찍히는 게 매우 힘들었다고 했다. 미션스쿨에서는 규율이 많아서 지켜야 했으나 그 규칙을 많이 어기고 살아서 수치심이 성인이 될 때까지 이어졌다고 한다.

"고등학교 졸업하고 나서도 한동안은 많이 헤맸어요. 내가 뭘 해야 할지, 어떻게 해야 할지 여러 감정이 있었는데 우울함이 제일이었던 것 같아요. 그리고 화내는 것 자체가 나에게는 죄책감이었어요. 이게 죄라는 생각이 드니까요. 권위자에게 대들고 그런 거요. 하나님께서 세우신 권위자들에게 반항하면 그것은 하나님에 대한 반항으로 이어진다고 들었거든요. 그런데 어릴 때는 본인들 말을 잘 듣게 하려고 하는 것 같았어요. 그래서 이해도 안 되고, 그냥 따르자, 하다가도 화가 나는 거지요."

또한 요셉은 부모님을 실망하게 하고 싶지 않았지만, 화로 인해 사람 사이에 갈등이 생기고 하는 과정에서 감정적으로 아주 슬펐다고 했다.

"감정적으로 매우 슬펐어요. 축 처진 감정이 잘 회복되지 않았어요. 그래서 사람들을 항상 피했어요. 엄마 아빠한테도 얘기하지 않고요. 친했던 친구들과도 거리를 두면서 계속 내가 왜 그랬을까, 이랬으면 좀 괜찮지 않았을까? 하는 생각들을 많이 했어요. 그러면서도 웃긴 건 사람들을 멀리하는데 내가 외로운 거예요. 사람들을 만나고 싶기도 하다가 또 사람들을 만나기 싫기도 하고요. 그립기도 하고 이게 막 섞인 것 같아요. 제가 생각해도 내가 유별난 것 같다고 생각했어요."

요셉의 부모님은 자녀가 부모님의 기대에 미치는 모범적인 삶을 살기 원했다. "아빠는 감리교를 다녔는데 권사 직분을 받고, 지금은 가정교회를 개척하셨어요. 엄마는 집사님이고요. 누나랑 여동생이 있는데, 동생은 스웨덴으로 단기선교사로 갔고 누나는 부모님을 도우며 가정교회를 같이하고 있어요. 저는 모태신앙이에요. 어릴 때부터 교회를 다녔지만, 저는 신앙생활을 한다기보다 친구들을 만나러 가는 것 같아요. 교회에서 친구들과 노는 게 재미있었어요. 그런데 저희 엄마 아빠는 신앙생활을 중요하게 생각하세요. 부모님이 영적인 생활에서 기준이 높고, 선교단체 훈련도 많이 받았기 때문에 자식들도 잘 키웠다는 걸 보여줘야 한다고 생각하는 것 같아요."

요셉은 화를 내고 사람 사이에 갈등이 생기면 곧바로 후회하면서 우울증이 찾아왔다고 했다. 감정의 기복이 널뛰기하듯이 하고, 화가 날 때는 싸우고 우울증이 찾아올 때는 밖에 나가기도 싫어서 자신이 왜 그런지 몰랐다고 하고 한다. 그의 부모님은 요셉의 우울함을 보고 걱정하기 시작했다.

"부모님은 무슨 일이 있냐고 묻는데요. 제가 말을 하지 않았어요. 부모님에게 말하는 것이 부끄러웠어요. 엄마 아빠한테 말해서 내가 믿음 없는 사람으로 비칠까 봐 싫기도 하고요. 그냥 나 혼자 고민하고 그게 더 낫다고 생각했어요. 그리고 누나랑 동생도 부모님 속을 엄청나게 썩였어요. 그런데 제 것까지 얘기하면 부모님이 과부하가 올 것 같았어요. 그래서 그냥 얘기를 안 했어요. 심지어 제가 어렸을 때 갖고 싶었던 것도 얘기 한 적이 없어요. 부모님은 항상 관심을 주셨지만, 얘기를 하지 않으니, 해결이 잘 안됐던 것 같아요. 그래서 오랫동안 고통을 받았던 것 같아요."

특히 자신의 정신적인 문제는 분노를 조절하기가 어려웠다는 데 있다. "제가 정상이 아니라는 느낌이 있었어요. 화가 나면 조절이 안 돼요. 누가 말려도 막 던지고 벽 때리고요. 그런데 사람을 때리는 건 미안하게 생각해요. 그러다가 집을 나가서 2~3일씩 나간 적도 있어요."

요셉은 자신의 감정이 조절되지 않는 것에 대해 이상함을 느끼고 치료가 필요함을 느꼈다고 한다. "상담받을 생각을 그때 한 건 같아요. 화도 잘 다스려지지도 않고 우울과 불안감이 있었으니깐요. 친구까지 때리니깐 선생님이 치료받아야 한다고 했어요."

요셉은 분노 조절에 문제가 있었지만 착한 믿음의 사람이 되어야 한다는 부담을 느끼고 있었다.

"선교사를 훈련하는 학교니까요. 우리를 선교사라고 생각하고 높은 기준을 제시했어요. 작은 실수도 용납하지 않고요. 연애도 안 된다고 하고, 이것저것 지켜야 할 것이 너무 많았어요. 그런데 다 못 지키고 규정에 어긋나는 것을 하니 너무 힘들었어요."

자신은 믿음의 사람으로 살고 싶으나 현실적으로 지킬 수 없는 규칙에 죄책감이 더했다고 한다. 그리고 학교에서도 믿음이 없는 사람으로 결론을 내렸기 때문에 크리스천 공동체에서 낙오됐다고 했다.

"저는 부모님의 지원으로 4학년 때 중국에 갔었고, 선교는 남아공으로 중학교 1학년 때 갔어요. 그렇지만 거기서도 저는 사고를 많이 치고요. 학교는 저만 생각할 수 없으니, 저를 기다려 주지 못했어요. 저는 내가 많이 낙오됐다고 생각했어요. 그래서 포기하고 걸리지만 말자고 생각했는데 그래서 어려웠던 것 같아요. 부모님은 세상의 방법으로 고칠 수 없으니, 하나님을 똑바로 만나야 한다고 했어요. 제가 회개하고 제대로 생활하기를 원하셨지만, 너무 우울하고 좌절하니깐 지금 그럴 수 있다고 하면서 괜찮다고 해 주셨어요. 아빠가 저를 용서해 주는 것을 보면서 하나님의 모습과 오버랩이 됐어요. 제가 하나님을 바라보는 게 아빠를 통해 보게 됐어요. 그때는 아빠가 저를 위로해 주려고 했던 말이지만, 아빠를 통해 하나님의 마음을 좀 배우게 됐어요."

또한 자신을 지키려고 많이 노력했다고 했다. "제가 여기서 무너지면 다 무너지겠다는 생각에 저를 지키려고 많이 노력했어요. 개인적인 믿음의 생활을 하면서 많이 성장했어요. 야동을 끊었다기보다는 거기에 집중을 안 하고, 더 필요한 것에 집중하려고 했어요. 지금도 벗어나려고 하고 있어요. 가끔 유혹에 무너질 때도 있지만요."

요셉은 교회 청년부의 도움으로 유혹을 헤쳐 나가는 것을 배우고 있다고 했다. "감사한 게요. 교회 영어 미니스트리 소그룹이 있는데요. 거기는 형제들만 있어요. 영적인 교제를 하다가 리더가 어려움이 있으면 실시간으로 소그룹에 기도를 요청하라고 하거든요. 그런데 애들이 막 올리더라고요. 지금 유혹이 왔다고 기도해 달라고. 저는 그걸 보면서 이게 뭐지 하다가 저도 그들을 위해 기도하게 되고, 똑같이 저도 어려울 때 기도 요청을 하게 되더라고요. 그러면서 조금씩 헤쳐 나가고 있어요."

포르노그래피에 완전히 빠져 있을 때는 죄책감과 수치심으로 고통이 심했다고 했다.

"완전 수치심과 죄책감이 엄청 있었어요. 성경에 보면 간음한 사람에 대해 많이 얘기하잖아요. 근데 표면적으로 드러난 사람만 얘기한 건 아니잖아요. 속으로 생각한 것만으로도 간음했다고 했는데 저는 영상물을 찾아봤으니 어떻겠어요. 그래서 죄책감이 크게 생기면 묵상도 못 하겠고 음란한 마음이 드는 거예요. 그러면 다시 음란물을 찾아보는 거지요. 그러면 괴리감이 커져요. 말씀을 읽을 때는 내가 믿음의 사람이고 행복하다고 느끼고 있었는데 음란물을 보면 너무 큰 죄인인 거예요. 그래서 차라리 아예 말씀을 보지 말자고 나 자신을 내버려 두게 된 것 같아요. 다른 사람들에게는 술이 될 수도 있겠지만 저는 음란물이었어요."

부모님은 요셉이 음란물을 보는 것에 대해 잘 몰랐다고 했다. "부모님은 시간이 지나고 알게 됐는데요. 중학교 3학년 때인가 고등학교 1학년 때 걸렸어요. 그때 호되게 혼났어요."

교회에서 음란물에 대한 교육이나 지침을 들어 본 적 없다고 했다. "교회에서도 이런 교육을 받은 기억이 없어요. 부모님도 딱히 가르쳐 주지 않았어요. 저희 학교도 성에 대한 교육이 없었고 아주 가끔 세미나처럼 했던 기억은 나지만요. 자세하게는 알려주지 않아서 기억에 하나도 없어요."

요셉은 교회에서 이런 것들에 대해 알려주는 전문인이 있다면 자신에게 매우 도움이 됐을 거라고 했다. 외부 상담을 받을 수 없었던 이유는 타인의 시선이 걱정되었기 때문이라고 했다.

"제일 큰 것은 사람들이 나를 뭔가 정신적으로 부족하다고 생각하거나 온전하지 못하다고 생각할까 봐 싫었어요. 상담을 받으면 아예 그렇게 생각해 버릴까 봐 두려웠어요."

그는 선교사 훈련 고등학교를 졸업하였기에 믿음으로 중독을 치료해야 하는데 상담으로 치료받는 것은 믿음이 없는 사람으로 비쳐서 싫었다고 했다.

"교회나 학교나 분위기 자체가 상담받는다는 생각을 못 하는 것 같아요. 그냥 오직 믿음, 말씀 이런 것만 하라고 했어요. 하지만 결과적으로 도움이 안 됐어요. 그때 상담이나 치료를 받았어야 했어요."

요셉은 어린 시절 접하게 된 음란물이 자신에게 수치심과 죄책감이 되었고, 학교와 친구, 부모와의 갈등에서 분노로 표출되었다고 생각했다.

9

자녀의 정신건강 위기를 겪은 어느 부모의 고백

17살 된 아들은 다시 아이가 되어
부모에게 아이처럼 요구하기 시작
했고 그동안 똑똑한 엄마인 척하면
서 살았던 저는 하루아침에 바보
엄마가 되어 아들을 지상으로 올리
기 위해 지하로 스스로 내려갔습니
다. 아들은 교회 가는 것도 거부하
기 시작했습니다. 술을 먹기 시작했
고 담배도 피고 나에게 술을 사달
라고도 했습니다.

1. 사막의 음침한 골짜기

보이지 않는 고통이었습니다. 아들과 매우 친밀하다고 믿었지만, 아들은 자신의 우울증 증상을 나에게 숨겼고 나는 알아차리지 못했습니다. 어느 날부터인가 아들은 점점 고립되는 듯했습니다. 자기 방에서 나오지 않았고, 가족과 대화도 거부하였으며, 방은 항상 어둡게 했습니다. 어느 날은 하루 종일 누워서 슬퍼하고 있고 어느 날은 짜증과 화를 내면서 학교 가기를 거부하기 시작했습니다. 하루는 기분이 좋으면, 하루는 기분이 나빴습니다. 몸이 아프다고 하여 병원에 여러 차례 데려갔지만, 별 이상이 없었습니다.

아들은 점점 더 나빠져 갔고, 살아야 할 이유를 모르겠다고 하면서 삶의 허무를 느껴 자살 시도와 자해도 하고, 공황장애로 인한 쇼크 상태가 와서 우리 가정은 충격에 휩싸였습니다. 아들의 정신건강 문제는 굉장히 심해져 갔습니다. 게다가 전교 1등만 하던 딸도 공황장애로 학업과 교우와 관계에서도 어려움을 겪고 있었습니다. 두 자녀 정신건강의 위기는 가족 전체가 마치 전쟁터와 같은 고통을 주었습니다.

저는 성실한 기독교인으로 하나님의 나라에 열심인 성도였습니다. 하나님 나라에 열심인 우리 부부는 더 큰 충격에 휩싸였습니다. 하나님을 믿는 가정에서 자살 시도는 있을 수 없는 일이며 우울증과 불안 장애 대한 정신병도 인정할 수 없었습니다. 우리 부부는 기독교 지도자로서 교회에 모범이 되는 가정이어야 한다는 생각이 있었기에 정신병은 마치 수치심과 오명으로 여겨졌습니다.

저와 남편은 아들 방의 문고리를 잡고 울면서 기도했습니다. 하나님께 제발 아들을 살려 달라고 부르짖었습니다. 하지만 아들은 마음의 문을 열지 않았습니다. 아들은 하나님도 없는 것 같고 천국과 지옥도 없는 것 같다며 복음을 거부하기 시작했습니다. 그리고 저는 깊은 마음속에서 하나님은 정말 살아계시는가에 대한 의구심을 갖기 시작했습니다. 정신건강의 위기에서 심리적 고통은 신앙인이라도 창조주이신 하나님의 존재를 의심케 하는 일이 되었습니다.

아들과 함께 신경정신과에 가서 상담받고 약을 먹으면서 병명을 찾아야 했습니다. 의사의 진단은 아들이 중증 우울증으로 너무 위험한 상태이기 때문에 보호자가 24시간 옆에서 지켜야 한다고 했습니다. 저는 직장생활과 일상생활을 하지 못하고 24시간을 아들과 같이 보냈습니다. 혹시나 아들이 죽을까 싶어 삶과 죽음의 경계선을 넘나드는 아들을 지켜내야 했습니다. 그리고 고등학교 졸업을 앞둔 아들은 학업을 그만두어야 했습니다.

그러는 와중에도 아들의 증상은 매일매일 바뀌었습니다. 오늘은 우울증, 내일은 조울증, 그다음은 조현병, 불안 장애, 공황장애, 불면증, ADHD 등등. 아들은 때때로 환청이 들린다며 죽고 싶다, 아파트에서 뛰어내리겠다, 집에 불을 지르고 다 같이 죽고 싶다며 위험한 말들을 했습니다. 아들은 심리적으로 위험한 최고치를 찍고 있었기 때문에 신경정신과 선생님이 72시간을 병원에 입원하게 했습니다.

저는 그때에도 신앙인이었지만 하나님은 잘못된 하나님이시다, 하나님은 거짓말하는 분이라며 이 상황을 받아들이지 못하고 있었습니다. 아들이 입원한 72시간의 격리 기간 내내 하나님에 대한 원망의 시간으로 내

안에 있는 모든 것을 토해냈습니다. 나의 신앙적 기준에서는 믿는 가정에 있을 수 없는 일이었습니다. 바르고 모범적으로 열심히 사는 신앙인의 가정에는 축복만 있으리라 생각했습니다. 그리고 하나님은 '왜' 신앙인의 기도를 들어 주시지 않는지에 반문하기 시작했습니다. 모든 것이 다 하나님 때문이라는 원망을 쏟아부었습니다. 정신건강의 위기에 있어서 모두 다 하나님의 책임이라고 탓하고 싶었습니다.

그러다 남편이 미워지기 시작했습니다. 목회자인 남편이 가정 경제에 적극적으로 책임지지 않았기에 엄마인 내가 전투적으로 살았습니다. 가정 경제를 위해 일을 해야 했기에 아이들과 함께하지 못한 시간이 있었고 그래서 아이들이 아팠다고 생각했습니다. 늘 신앙적으로 모범적 아들을 가르쳤던 권위적인 아빠인 남편이 싫어졌습니다. 경제적인 여유가 있는 남편을 만났다면 가정주부로 아이를 잘 돌봤으면 이런 일이 일어나지 않았으리라 생각했습니다. 그러기에 날마다 남편을 원망하며 잠기 시작했습니다.

저는 72시간 동안 잠도 자지 않고, 먹지도 않고 3일간 하나님께 대항했습니다. 그러다 결국 하나님께 두 손을 들고 항복하였습니다. "하나님, 제발 저의 아들을 살려주세요. 제가 다 잘못했어요. 다 제 잘못입니다. 살려만 주세요." 하염없이 울고 또 울고 부르짖고 또 부르짖었습니다. 제가 할 수 있는 일은 아무것도 없었습니다. 창조주 앞에 무능한 피조물이 할 수 있는 유일한 행위가 부르짖음이었습니다. 저는 회개하기 시작했습니다. 사회적으로 성공한 사람이었기에 무엇이든지 잘하고 똑똑한 엄마라고 여겼지만 내가 얼마나 부족하고 실수투성이 엄마였는지 알게 되었습니다.

저는 가난한 집에서 대학에 다녔기에 아르바이트를 3, 4개씩 하면서 학업을 마쳐야 했습니다. 그래서 제 마음에는 공부에 대한 열등감이 있었습니다. 어릴 때부터 부모의 지원을 받지 못했기 때문에 부모의 적극적인 지원만 있었다면, 더 좋은 대학에 다녔을 것이고 더 빨리 공부를 마치고 직업적으로 더 성공했겠다고 생각했었습니다.

저의 집은 제가 어릴 때 부유했지만 아버지 부동산의 실패로 가난하게 되었습니다. 이후 아버지는 자포자기한 심정으로 매일 술을 드시고 동네 사람들과 싸움하며 스트레스를 푸는 일이 다반사였습니다. 술을 드신 날에는 집안의 모든 살림을 부수기 시작하면서 가족을 괴롭혔고 엄마와 우리들은 아버지로부터 도망가는 일을 반복했습니다. 저의 어린 시절의 기억은 가족의 따뜻함보다 아버지의 술주정으로 인해 늘 싸움의 연속이며, 삶 그 자체가 지옥이었습니다. 그래서인지 마음속으로는 늘 아버지가 빨리 죽었으면 좋겠다고 생각했습니다.

그 아픔 속에 나의 유일한 기쁨은 교회에 가서 주일학교 예배 시간에 춤추고 노래하는 일이었습니다. 하나님을 예배하며 춤추는 시간만큼은 집안에서 일어나는 고통을 잊을 수 있었습니다. 그 기쁨으로 인해 저는 춤을 배우고 싶어 했습니다. 그러나 하루 살아 먹기에 급급한 우리 집에서 무용을 배운다는 것은 현실적으로 불가능했습니다.

초등학교 시절, 산동네에 있는 우리 집에 가려면 좋은 아파트 단지를 거쳐 가야 했습니다. 그리고 아파트 바로 앞에는 무용 학원이 있었습니다. 어느 날 저녁 집으로 올라가는데 무용 학원에 불이 켜져 있었습니다. 어린 나는 학원 불이 꺼질 때까지 서 있으면서 나도 저기에 가고 싶다고 생각했었습니다. 늘 무언가 배우고 싶었지만, 저의 부모님은 그 어떤 것도 채워주지 못했습니다. 그 결핍으로 인해 저는 늘 배우고 싶어 했습니다. 배움을 통해 사회적으로나 종교적으로 성공의 열망을 꿈꿔 왔습니다.

저는 이런 결핍이 있었기 때문에 제 아이들은 나보다 더 좋은 환경에서 자라도록 내가 제공해 주어야 한다고 생각했습니다. 그래서 아이들이 하고 싶어 하는 공부, 학원, 악기, 예술, 음악 등을 가르쳐 주었습니다. 내가 받지 못한 것을 누리고 있는 아이들이 열심히 공부하지 않으면 답답했습니다. 아들에게 공부하라고 잔소리하면서 열심히 하지 않는 아들과 열심히 산 저를 비교하기 시작했습니다. 좋은 대학에 보내야만 하나님께 영광을 돌리는 것으로 여기면서 시험 결과가 중요했습니다. 그러나 정작 아이들의 관심이 무엇인지 아이들이 어디가 아픈지, 외로운지조차 몰랐습니다.

마태복음 15장 8~9절에 "이 백성이 입술로는 나를 공경하되 마음은 내게서 멀도다 사람의 계명으로 교훈을 삼아 가르치니 나를 헛되이 경배하는도다 하였느니라 하시고"는 말씀이 나를 책망하기 시작했습니다. 저는 예수님을 구세주로 모시고 죄에서 구원받고 하나님을 믿었고 그분의 사명을 따라 달려갔습니다. 그러나 사람의 계명으로 아이들을 가르쳤음을 인정하지 않을 수 없었습니다. 말로는 주의 영광을 위해서라고 하지만 좋은 대학에 대한 열망을 아이들에게 주입하고 아들을 괴롭혔습니다.

저희는 사회적으로 종교적으로 성공한 엄마와 아빠였습니다. 하지만 아들은 저 밑 지하 10층에서 헤매고 있는데, 엄마 아빠는 잘난 척을 하면서 지상 10층에서 교훈과 책망만 하고 있었습니다. 아들이 그렇게 어둠 속에서 아파하고 있는지 몰랐습니다. 아들은 좌절, 외로움, 열등감, 낮은 자존감, 과거의 실패감, 후회 등으로 아파하고 있었습니다. 교훈과 책망만 하는 부모에 대한 원망과 복수로 자기를 괴롭히고 있었습니다.

2. 뼈를 깎는 고통의 시간

저는 저와 직면하는 시간을 통해 얼마나 못된 엄마였는지, 얼마나 내 욕심으로 아들을 키웠는지, 아들이 얼마나 아팠는지를 비로소 알게 되었습니다. 아들에게 미안하다, 엄마가 다 잘못했다고 눈물로 용서를 구했습니다. 몇 년간 마음의 문이 닫혔던 아들은 쉽게 풀리지 않았습니다. 매일매일 사과하고 매일매일 죄인처럼 아들에게 진심으로 다가갔습니다. 새벽 3시에 저녁을 달라고 하면 새벽이고 낮이고 먹고 싶을 때 밥을 주고, 밤이고 낮이고 어디를 가자고 하면 가고, 소리 지르며 노래를 불러도 야단치지 않고 부르게 했습니다. 새벽에 잠들어 오후 3~5시에 일어나도 "그래. 잘 자고 잘 먹고 잘한다, 잘한다." 하면서, 어릴 때 응석을 받아 주지 못한 것들을 다시 받아 준다고 생각하고 다 참아냈습니다. 17살 된 아들은 다시 아이가 되어 부모에게 아이처럼 요구하기 시작했고 그 요구를 받아 주면서 아들의 마음 문이 열리길 기도했습니다.

그러나 질서와 규칙적인 틀 안에서 살아가는 교수인 엄마가 무질서 같은 이 상황을 받아들이는 일은 죽을 것 같이 힘들고 괴로웠습니다. 그렇지만 기도할 때마다 주님이 마음에 감동으로 더 내려가고 더 내려가서 아들을 있는 그대로를 사랑하고 사랑하라고 하시는 듯했습니다. 그동안 똑똑한 엄마인 척하면서 살았던 저는 하루아침에 바보 엄마가 되어 아들을 지상으로 올리기 위해 지하로 스스로 내려갔습니다. 아들은 조금씩 호전되기 시작했고, 가족들에게 마음의 문을 열기 시작했습니다.

그럼에도 불구하고 아들은 결국 고등학교 3학년 때 학교 자퇴했습니다. 저는 그때에도 "하나님, 나와 남편은 박사인데, 우리 아들은 중졸입니다."하고 펑펑 울었습니다. 아직도 내 안에 학업 성공의 열망이 있었습니다. 하지만 나의 옛 습관을 벗으려고 부단히 노력했습니다. 마치 뼈를 깎는 고통과도 같았습니다. 아들이 고등학교 자퇴하는 날, 케이크를 가지고 아들을 축하해 주었습니다. 고등학교는 그만두었지만, 하나님이 아들에게 공부 말고, 주신 은사대로 살기를 바라며 앞길을 축하해 주었습니다.

그렇게 모든 기대와 희망을 걸었던 아들이 학업을 그만둔 후, 남은 소망을 딸이 이루어 줄 것이라 기대했습니다. 전교 1등만 하던 딸이 어느 날부터 공황장애로 고통을 겪으면서 또다시 나의 희망을 내려놔야 했습니다. 공부하면 할수록 딸은 공부에 집중할 수가 없고 밤마다 찾아오는 공황장애로 인해 응급실로 달려가야 했습니다.

어느 날 딸은 나에게 "이 모든 것은 엄마 때문이야. 엄마가 이렇게 키웠잖아."라고 쏟아부었습니다. 순간 눈물을 참고 화장실로 달려갔습니다. 저는 좌절하지 않을 수 없었습니다. 아들도 겨우 참아내고 있었는데 딸의 원망 앞에 흐르는 눈물을 막을 수 없었습니다. 화장실에 샤워기를 틀고 통곡하기 시작했습니다.

"하나님, 내가 무엇을 그렇게 잘못 했나요? 알코올 중독 아빠 밑에서 이 정도면 잘 큰 것 아닌가요? 그런데 왜? 내 딸도 이제 아픈가요?"

하나님 앞에 다시 원망과 함께 통곡하면서 '내가 죽어야겠다, 내가 죽으면 알아주겠지.' 하는 무서운 생각이 들기 시작했습니다. 하지만 딸에게 아픈 오빠를 돌보라고 강요했던 모습도 생각이 났습니다. 딸이 어렸는데 그 애가 겪었을 고통을 또 보지 못했던 것 같았습니다.

3. 회복을 위해 안개 속을 걷는 용기

아들과 딸의 정신건강 위기에 대해 상담을 적극적으로 받기 시작했습니다. 이렇게 결정하기까지 상담을 받는 것이 무척 자존심이 상한 일이었습니다. 나는 사회적으로 성공한 사람이었고 박사까지 공부한 사람인데 나를 상담하는 사람은 학사 출신이었습니다. 내가 알아도 더 알고 공부도 더했다는 생각에 자존심이 무척 상했습니다. 또한 믿는 사람으로 올바르고 착하게 살아온 가정에 대해 강의해도 내가 해야 하는데 오히려 내가 상담을 받아야 하는 처지라니 기가 막혔습니다. 그러나 삶과 죽음의 경계선에서 지푸라기라도 잡고 싶은 심정에 모든 것을 내려놓았습니다.

"저를 고쳐주세요. 제가 무엇을 잘못 했는지 알고 싶어요. 저는 열심히 최선을 다하는 엄마, 착한 엄마였다고 자부하며 살았어요."

진심으로 나를 직면하면서 가지고 있던 자존심마저 내려놓기 시작했습니다. 또한 오로지 하나님께 기도하며 회복하기를 바랐지만 정신 치료도 하나님이 허락하신 것임을 받아들이기 시작했습니다. 그러나 목사인 남편은 정신과 치료를 좋아하지 않았습니다. 나와 아들, 딸은 일주일에

두 번씩 상담을 받았지만, 남편은 거부했습니다. 아들에게는 약이 필요하다고 해서 6개월간 약을 먹으면서 치료를 받았고 딸은 상담에 집중했습니다.

그리고 아들은 교회 가는 것도 거부하기 시작했습니다. 술을 먹기 시작했고 담배도 피우고 나에게 술을 사달라고도 했습니다. 부모가 싫어하는 것들을 모두 하기 시작했습니다. 나는 아들이 원하는 술을 사고, 함께 술을 마셨습니다. 아들이 보기에 엄마인 나는 술을 먹는 것을 신앙적으로 나쁘다고 생각하기 때문에 엄마는 그렇게 하지 않으리라 생각한 것 같았습니다. 하지만 나는 술을 사서 아들과 함께 마셨습니다. 이러한 아들의 행동은 마치 부모 앞에 이렇게 망가져도 나를 사랑해 줄 수 있을까, 라는 의도로 비추어졌습니다.

아들은 나를 의아하게 쳐다보고 있었고 나는 아들에게 '네가 아무리 망가져도 너를 사랑한다.'라는 것을 보여 주고 싶었습니다. 아들이 예배를 드리지 않아도, 교회에 출석하지 않아도, 공부를 하지 않고 학교를 그만두고 집에서 놀고 있어서도 존재 자체로 사랑하는 고백을 계속했습니다. 물론 아들은 저의 사랑 고백을 의심하고 믿지 않는 표정이었습니다.

남편도 처음에는 상담을 거부하였지만, 아들의 아픈 모습을 보고 변하기 시작했습니다. 마음을 다해 아들에게 미안하다고 사과했습니다. 남편의 어린 시절은 부모님과 가깝게 지내지 못했고 조부모 손에서 자랐습니다. 그러다 중학교에 들어가면서 부모님과 함께 살았지만 두 분 모두 아침부터 저녁까지 일을 해야 했기에 부모님과 함께 보낸 시간이 없었습니다. 남편은 부모님과 친밀하게 지내보지 못했고 대화를 나눈 적이 없었습니다. 그래서 부모님과 같이 있는 걸 어색해했습니다. 남편은 아들을 너무 사랑했지만, 아들과 같이 일상생활 하는 게 어색했고, 친밀한 시간을 보내지 못한 것을 알게 되었고 부단히 노력하면서 아들과 친해지기 시작했습니다.

아들은 아무도 자신을 사랑하지 않는다고 생각했습니다. 모든 사랑에 의심이 들었을 때 엄마인 나는 그래도 사랑을 느꼈다가 아닌 것 같다가 헷갈렸지만, 아빠는 자기를 좋아하지 않는다고 생각했습니다. 저는 아들을 데리고 남편의 부모님 댁을 방문했습니다. 아들에게 잘 보라고 귀띔을 해 두고, 할아버지 할머니가 아빠에게 어떻게 대하는지를 관찰하게 했습니다. 어색함의 표현 또한 사랑이라고 알려주었습니다. 어른들은 먹고살기에 바빠서 표현이 서툰 것이지 사랑하지 않는 게 아니라고 말해주었습니다. 그때 아들은 사랑의 다른 표현들에 대해 알게 된 것 같았습니다.

또한 저는 딸에게도 진심으로 사과하는 시간이 필요했습니다. 엄마의 어릴 때 결핍으로 딸에게 그것을 채우고자 했던 욕망에 대해 사과했습니다. 가난한 남편과 결혼해 돈을 벌기 위해 가정을 책임져야 했고, 아이들과 함께하지 못한 시간에 대해 미안하다고 했습니다. 가정 경제를 책임지기 위해 일하는 엄마였지만 바쁘다는 핑계로 아이들과 시간을 함께하지 못했고, 함께 감정을 나누지 못하고 성공만 바랐던 엄마를 용서해 주라고 했습니다.

딸은 그 이후 조금씩 마음의 문을 열기 시작하였고 서먹한 감정 표현을 서로 하기 시작했습니다. 아들은 고등학교 자퇴 후 2년 동안 공장, 정육점, 아르바이트 일을 하면서 다시 예배를 드리기 시작했습니다. 나와 남편은 아이들과 친밀감을 회복하기 위해 부단히 노력했습니다. 부모님으로부터 친밀감을 배우지 않았기에 사랑을 다시 회복하는 일은 쉽지 않았습니다. 그러나 최선을 다해 노력하고 노력했습니다. 아주 작은 것부터 시작해서 아이들이 좋아하는 음식을 물어보고 같이 만들어 먹고, 아이들이 원하는 신발이나 옷을 사러 갔습니다. 그리고 아이들이 원하는 외식을 같이 찾아 보고 같이 다녔습니다. 공부를 통해 성공을 내려놓고, 아이들이 정말로 원하는 공부가 무엇인지 곁에서 지지해 주었습니다.

과거 신앙적으로 모범적으로 키우기 위해 매일 성경 3장을 읽혔고 기도를 시키고 사람들에게 윤리적 도덕적으로 보이도록 했던 것을 내려놓고 진심으로 좋은 사람, 하나님의 사람이 되라고 격려했습니다. 어느 날부터인가 아이들이 부모와 사랑의 표현도 잘 받아 주기 시작했고 건강하게 밝은 아이들로 회복되었습니다.

현재 딸과 아들은 미국에서 Top 20에 들어가는 명문대에 다니고 있지만 이제 그것이 중요하지 않다는 것을 알았습니다. 정신건강의 위기는 마치 안개와도 같은 것이었습니다. 앞이 보이지 않는 고통이었습니다. 그 순간순간은 피투성이 되어 죽어가는 것 같았습니다. 그러나 그 순간의 고통도 아픔도 인내하며 참아내며 새벽이 찾아온다는 것을 알았습니다. 그 아침, 장미꽃에 이슬이 맺히듯이 고통을 이겨내는 가족에게도 위로와 회복이 찾아올 수 있다는 것을 알게 되었습니다.

10 정신건강 위기의 청소년과 청년들

청소년기에 발병한 정신질환은 성인기에까지 지속한다는 특징이 있습니다. 그런데 청소년기에 겪는 정신건강 문제를 그냥 지나치는 경우 성인기에 들어서 가정생활, 직업, 직장생활, 사회 적응에 어려움을 겪습니다. 기독교 가정들은 종교적, 문화적 신념으로 인해 정신건강 치료를 꺼리거나 치료의 접근하기가 쉽지 않습니다.

1. 정신건강 위기의 청소년

청소년 정신건강의 위기로 인하여 우울, 불안은 급격히 증가하고 있습니다. 청소년기에 치료하지 않고 방치하면 이러한 문제는 학업, 친구 관계, 약물 남용, 학교 성적으로 부정적 결과로 이어질 수 있습니다(Wyatt et al., 2018). Duffy et al(2021)에 따르면 청소년의 불안 장애의 발병은 11세이며, 약물 사용은 20세에 시작된다고 합니다. 청소년의 정신건강 위기는 학교생활에 부적응하여 성적이 낮아지고 중등 교육 중퇴율을 높이는 데 부정적 영향을 미칩니다.

청소년기에 발병한 정신질환은 성인기에까지 지속한다는 특징이 있습니다. 세계보건기구 (WHO) 발표에 따르면 성인기 정신질환의 절반은 14세부터 시작되지만, 대부분은 발견되지 않았고, 거의 치료 서비스를 이용하지 않았다고 합니다. 그런데 청소년기에 겪는 정신건강 문제를 그냥 지나치는 경우, 성인기에 들어서 가정생활, 직업, 직장생활, 사회 적응에 어려움을 겪습니다 (Miwa et al., 2019).

청소년기에 정신건강 치료의 접근이 중요한 이유는 성인기에 나타날 수 있는 심각한 문제들을 예방할 수 있기 때문입니다(Lecloux. et al., 2016). 청소년기의 정신건강 위기에서 치료적 접근과 관리는 매우 중요한 시기입니다.

또한 정신건강의 위기는 극심한 스트레스 상황에서 나타납니다. 청소년의 정신건강 위기에서 심리적인 고통은 희망이 사라지고 절망적인 느낌, 분노, 불면을 경험하고 우울 불안 장애로 이어질 수 있습니다(Jang et al., 2017). 이런 경우 반드시 전문가가 필요하며 회복을 위해서는 가족, 친구, 학교 주변의 이해와 도움이 필요합니다. 그러나 한인 청소년들은 정신건강의 위기에 있어서 심리적 치료나 돌봄이 매우 부족합니다. 이는 한인 사회에서 정신건강 질환에 대한 편견과 낙인으로 정신건강의 문제가 생겨도 도움을 요청하는 것을 꺼리기 때문입니다(Jang et al., 2017). 이렇게 한인 청소년들의 정신건강 위기에서 치료의 접근을 그냥 지나치게 되면 치료의 시기를 놓치게 됩니다.

그래서 한국 청소년의 정신건강 문제와 그들의 심리적 특성을 정확히 이해하는 일은 매우 중요합니다. 그러나 안타깝게도 위험에 처한 한인 청소년을 정신건강의 위험 요소인 우울증과 불안의 위험으로부터 보호하는 방법과 치료에 대한 접근을 방해하는 요인에 관한 연구나 도서는 거의 없었습니다(Vaidyanathan et al., 2021). 한인 청소년의 우울, 불안 장애는 증가하고 자살률도 증가하고 있음에도 말입니다(Choi & Dancy, 2009).

이런 문제에 접근하기 위해서는, 한인 기독교 청소년에 대한 정신건강의 위기 인식과 낙인으로 인한 심리치료를 거부한다는 점을 한인 문화적 배경에 대해 이해하고 접근해야 합니다. 안타깝게도 한인 기독교 가정들은 종교적, 문화적 신념으로 인해 정신건강 치료를 꺼리거나 치료의 접근하기가 쉽지 않습니다(Jang et al., 2017). 그 결과 한국인들은 정신건강 문제에 대한 전문 서비스에 대한 접근이 줄어들거나 회복이 지연될 가능성이 높습니다.

2. 정신건강 위기 치료의 필요성

최근 한인 청소년 정신건강의 위기가 고조되면서 치료 서비스의 필요성에 관심이 집중되고 있습니다. 특히 한국 청소년들은 문화적 부적응, 학교 성적에 따른 과도한 학업 스트레스, 부모와의 갈등 등 우울증을 유발할 수 있는 다양한 환경에 노출되어 정신질환으로 발전할 수 있습니다(Choi & Dancy, 2009).

수년 동안 한국 청소년들은 정신건강 위기 이후 심리적 고통을 겪었습니다. 한인 기독교 청소년들은 그들 가족의 종교적, 문화적 신념 때문에 정신건강 치료 서비스에 대한 접근을 꺼리거나 거부하는 경향이 있습니다(Jang et al., 2017). 한인 기독교 청소년의 문화적 특성을 이해하기 위해서 Richard Shweder의 문화 심리학 이론의 틀을 이해하는 것이 중요합니다(Kanagawa et al., 2001).

개인의 심리적인 특성은 그들이 속한 문화의 집단에서 습득된 행동의 특이성으로 영향을 받습니다(Cypress, 2018). 한인 기독교 청소년들에게는 특정한 문화가 있습니다. 한인 가족 구성원과의 관계에 따른 심리적 행동 패

턴을 인식할 때 현재 자신이 겪고 있는 실제의 의미를 발견할 수 있습니다 (Shiraev & Leary, 2020). 그래서 이 책은 한인 기독교 청소년의 정신건강 위기에서 그들이 느낀 생생한 경험과 심리적 고통이 어떠했는지에 초점을 맞추었습니다.

또한 이 책을 통해 한인 기독교 청소년의 정신건강 위기를 겪고 있는 그들의 심리적 고통의 삶의 경험을 이해하기를 바라는 마음에서 썼습니다. 기독교 청소년으로서 정신건강의 위기가 그들의 종교와 한인 문화적 특성이 치료적 접근에 미치는 영향을 발견하는 일은 매우 필요합니다. 정신건강 위기의 8명의 고백자는 미주 한인 기독교 청소년기들로 정신건강의 위기에서 심리적 고통을 경험한 자들입니다.

3. 정신건강의 위기 경험 이해하기

정신건강의 위기를 겪고 있는 한인 청소년의 정신건강 위기의 경험은 그들이 표현하는 심리적, 행동적 현상을 이해하는 일입니다(Shin, 2010). 정신건강 위기를 경험한 한인 청소년들을 통해 그들이 지닌 심리적 고통을 대처하기 위해 그들이 무엇을 하고 있는지를 인식하는 일은 매우 중요합니다(Wu et al., 2009). 그들이 자기 삶에서 심리적 고통을 어떻게 느끼고 그것이 그들의 삶에 어떤 영향을 미치는지 밝히는 일은 유의미합니다. 바라건대 이 책에 나온 다양한 청소년들의 이야기들이 한인 청소년의 정신건강 위기에 대한 서비스 및 계획에 대한 접근에 영향에 도움을 주기를 바랍니다.

그리고 한인 기독교 청소년의 정신건강 위기의 심리적 고통의 고찰은 종종 그들의 문화적 특성과 종교에 영향이 있습니다. 이러한 한인 문화적 특성에 대한 이해로 정신건강의 위기를 겪는 이들을 대하는 교회 지도자에 대한 시선과 지원이 필요합니다. 정신건강의 위기에서 한인 청소년들의 치료 네트워크와 서비스 지원에 대한 이해가 교회의 목회자와 부모에게 필요합니다. 한인 기독교 청소년의 정신건강 위기에 접근하는 방식은 심리적 고통에 필요한 정신적, 정서적, 신체적 지원을 받을 수 있도록 종합적인 치료 서비스가 필요하기 때문입니다.

11 마음이 아픈 청소년·청년들을 어떻게 도울 수 있을까요?

가장 두드러진 점은 청소년들은 효과적인 치료 접근에 대한 강한 열망을 보인다는 것입니다. 이에 따라 기독교 목회자, 상담가, 정신건강 전문가, 학교, 가정은 협력하여 정신건강 위기에서의 심리적 고통을 이해하고, 문화적 배경과 가족 간의 갈등, 학교 부적응, 치료 서비스 접근에 대한 오해와 편견을 재조명할 필요가 있습니다.

1. 청소년 정신건강 문제 성찰

    정신건강 위기를 경험하고 있는 한인 기독교 청소년 8명의 생생한 이야기를 읽으면 그들의 심리적 고통을 깊이 이해하게 됩니다. 그들의 경험을 해석하는 것은 그들이 바라보는 세계를 이해하는 데 있어 매우 중요한 가치가 있습니다(Van Manen, 2016). 무엇보다도 청소년과 청년들이 겪는 마음의 고통에 영향을 미치는 요인들을 자세히 분석하고 성찰하는 것이 필수입니다. 이들의 회복을 돕기 위해서는 그들을 고치려 하기보다는 그들의 생생한 경험을 통해 아픔과 고통을 이해하게 되는 과정이 선행되어야 합니다. 이해가 치료의 출발점이 될 수 있기 때문입니다.

1) 심리적 고통에 따른 학교 부적응에 대한 이해

8명의 청소년은 상담 당시 만 18세에서 24세로, 한국 나이로는 20세에서 26세에 해당하는 청년들입니다. 이들은 각자의 청소년 시절에 겪었던 정신건강 위기의 경험을 나누며, 그 과정에서 심리적 고통을 토로하였습니다. 한인 기독교 청소년들은 초등학교 시절부터 시작된 공황장애 증상으로 인해 심리적 고통을 느끼며, 이는 영혼과 몸이 분리되는 느낌으로 나타났습니다(Brook et al., 2008). 특히 학교 부적응의 주요 원인으로 발표에 대한 두려움을 강조하며, 이러한 두려움이 정신건강의 위기와 학교생활에 부정적인 영향을 미쳤음을 보여줍니다(Kim & Kim, 2017).

또한 청소년들은 우울과 불안을 해소하기 위해 담배, 마약, 술에 의존할 수 있음을 밝혔습니다(Yoo & Kim, 2020). 이외에도 스마트폰 중독(Fjermestad-Noll et al., 2020), 타인의 관심을 염두에 두는 관계 중독(Shin et al., 2018), 그리고 포르노그래피 중독(Draucker, 2005)과 같은 행동을 보였습니다. 청소년들은 심리적 고통을 경험하면서 말수가 줄고 혼자 있는 시간이 늘어났으며, 결국 학교생활에 적응하기 힘들어졌다고 고백했습니다(Joowon & Cho, 2020).

정신건강의 위기를 겪은 청소년들은 이러한 심리적 고통으로 인해 학업에 대한 흥미를 상실하게 되었습니다(Vaidyanathan, 2021). 그들은 부모의 높은 학업 기대에 부응하지 못하고(Chang et al., 2015), 친구와의 관계에서도 어려움을 느끼게 되었습니다(Shin et al., 2018).

결론적으로 부모의 높은 학업 기대는 정신건강에 부정적인 영향을 미쳤음을 알 수 있습니다(Lee et al., 2008). 극도의 불안이 심화하면서 스트레스가 증가했고, 이는 수면 문제로 이어져 결국 우울증을 유발하였습니다. 이 과정에서 자살을 시도하기 위해 반복적인 자해를 하는 일도 있었던 것으로 나타났습니다(Osenk, 2020).

특히 정신건강의 위기를 겪는 동안 가족들은 이들이 모범적으로 타인에게 보이기를 원했습니다. 부모의 윤리적인 양육 방식, 신앙적 압박, 정신건강에 대한 이해 부족, 그리고 학업에 대한 기대와 현실 간의 괴리에서 오는 심리적 고통은 더 심화하였습니다(Smith et al., 2016). 이들 8명의 청소년은 부모의 비현실적인 학업적 기대로 심리적으로 수치심을 느끼게 되었고, 자신의 완벽주의 성향이 학업 중단으로 이어졌다는 것을 우리는 그들의 목소리를 통해 확인할 수 있습니다(Chang et al., 2015).

결과적으로 한인 기독교 청소년들의 심리적 고통은 한인 유교적 가정과 한인 사회의 체면 문화와 깊은 관련이 있음을 보여주며, 이들의 정신건강 위기는 학업에 심각한 부정적 영향을 미치고 있음을 확인할 수 있습니다.

2) 정신과 치료에 대한 오해와 편견

이 이야기에 등장한 청소년들은 정신건강 문제를 호소했지만, 그들의 부모들은 정신 치료를 꺼리는 경향을 보였습니다. 특히 이들은 한인 문화에서 정신질환에 대한 낙인이 찍히는 문화에서 자신이 타인에게 부정적인 선입견을 품고 있음을 확인할 수 있었습니다(Park et al., 2013). 한인 부모님들은 자녀의 정신건강 문제가 한인 사회에서 부끄러운 일로 여겨지며 이는 종교적 낙인과도 관련이 있음을 보여 줍니다(Han et al., 2017).

사례자 대다수는 초등학교 2학년 전후에 증상이 시작되었지만, 그 심각성을 인식한 것은 중학교나 고등학교 시절에 이루어졌다고 설명했습니다. 이러한 한인 문화 특성상 정신건강 문제의 치료를 시작하는 일은 매우 부정적인 인식으로 이어지곤 합니다(Vaidyanathan, 2021).

이들의 이야기를 통해 확인할 수 있는 점은 한인 부모들이 기독교 신앙을 바탕으로 정신건강 문제를 해결하기 위해 기도와 말씀에 의존하는 접근 방식을 취했음을 보여줍니다(Jang et al., 2017). 그러나 청소년들은 신앙적 측면만으로는 정신건강 치료가 이루어질 수 없음을 고백하며, 이러한 신앙적 접근이 오히려 치료를 방해하고 지연시키는 요소가 되었음을 드러냈습니다.

또한 가족들은 기독교 신앙공동체의 믿음과 기도를 통해 치료가 가능하다는 왜곡된 인식을 하고 있었고(Lee et al., 2008), 이는 청소년들의 성경적 가치관에 부정적인 영향을 미치기도 하였습니다(Son, 2020). 결과적으로 자녀의 심리적 고통 초기 증상이 인식되지 않거나 방치되어 증상이 악화된 경우가 많았습니다(Yoon et al., 2022).

사례자들 대부분은 학교 선생님, 친구들의 권유를 통해 자신의 증상을 인식하였고, 부모의 무지로 인해 대략 5-10년이 지나고 나서야 치료를 받았다고 이야기합니다. 그들의 유교적 문화적 배경은 감정을 표현하는 일을 자제하도록 조장하였기에, 이들은 감정을 억제하며 성장할 수밖에 없었습니다(Han et al., 2017).

청소년의 가족들은 그들이 극단적인 증상이 신체적으로 드러났을 때 비로소 이 문제를 인식하였고(Son, 2020), 특히 자해, 자살 시도, 마약 중독, 그리고 정신병원에 입원해야만 심각성을 깨닫고 치료하려고 했습니다. 이는 정신건강 위기에 대한 무지의 심각성을 보여줍니다. 사례자들은 정신과 치료 경험이 자신들의 정신건강에 효과적인 도움이 되었다고 고백했습니다.

앞으로 정신건강 위기에 처한 청소년들을 돕기 위해서는 부모들의 정신건강에 대한 이해를 높이고, 신속한 정신건강 치료가 청소년들의 성장에 매우 효과적이라는 사실을 알리는 것이 필요합니다.

3) 한국의 가정 스타일과 유교 문화의 영향

한인 가정은 한국의 유교 문화를 기반으로 가족의 의무, 사회적 준수 및 관습을 강조하면서 생활해 왔습니다(Moon & Nam, 2018). 이에 따라 한인 가정에서는 윤리적이며 모범적인 문화가 계승되었고, 청소년들은 부모의 높은 기대에 부응하기 위해 타인의 좋은 평판을 중요시하게 되었습니다. 한인 체면 문화의 영향으로 청소년들은 타인이나 부모의 기대와 시선을 만족시키지 못할 경우, 두려움과 수치심, 그리고 완벽주의 성향으로 인한 심리적 압박을 경험한다고 고백했습니다(Bae & Wickrama, 2015; Park et al., 2013).

특히 이야기를 통해 사례자들은 미국 학교에 적응하는 데 어려움을 겪었고(Kim & Park, 2011), 익숙하지 않은 영어로 인해 학교생활에 장애가 있었으며(Ding et al., 2011), 부모와의 관계에서도 갈등을 경험했습니다(Kang et al., 2010). 이러한 갈등은 한인 체면 문화의 영향으로 더욱 복합적으로 나타났습니다(Bae & Wickrama, 2015).

이 이야기에 등장한 청소년들의 부모들은 영어에 익숙하지 않았기에 미국 문화에 적응하는 데 어려움이 있었습니다. 이들은 직업 선택에 따른 경제적 어려움이나 사회적 고립, 그리고 1.5세대 및 2세대 자녀와의 갈등 문제에도 직면해 있었습니다(Kim, 2019). 이러한 배경 속에서 청소년들은 정신건강 위기 경험 시 가장 큰 갈등을 느꼈으며, 가족이 기댈 수 없는 외부 환경 속에서 정신건강 문제에 대한 수치심과 한인 사회에서 낙오될 것에 대한 두려움을 크게 느꼈습니다(Kim, 2013).

한인 유교적 가정 문화와 체면 문화는 높은 종교적 기대와 윤리적 기준을 갖고 있었기에, 청소년들은 그러한 기대에 부응하기 위해 노력했습니다. 하지만 이러한 기대를 충족하지 못할 경우, 정신건강 문제를 유발하는 주요 요인이 되기도 했습니다(Koh, 2018). 결과적으로 청소년들의 정신건강 위기는 가정 내 부모와의 상호작용과 한인 유교 문화의 영향으로 인해 심리적 고통을 더욱 증가시키는 요인이 되었음을 확인할 수 있습니다(Moon & Nam, 2018).

4) 교회의 정신건강 위기에 대한 인식 부족

아쉬운 점은 8명의 청소년이 정신건강에 대한 위기를 겪고 있을 때 한인 교회와 목회자, 그리고 그 공동체와 밀접하게 연관되어 있음을 보여줍니다. 미주 한인 기독 청소년의 정신건강 위기에는 한인교회 공동체에서의 생활 경험, 목회자들의 정신건강 인식 부족, 그리고 종교적 의무와 억압이 큰 영향을 미치고 있었습니다(Vaidyanathan et al., 2021). 이들 청소년은 태어날 때부터 교회에 출석하며 교회 생활의 윤리적이고 도덕적인 모범을 유지해야 한다는 책임감을 느끼고 있었습니다. 그러나 교회 생활에서 느끼는 부담감과 좌절감, 그리고 목회자와 친밀하지 못한 관계는 이들에게 어려움으로 작용하였습니다.

주요 원인으로는 목회자들의 정신건강에 대한 인식 부족이 있으며, 이에 따라 정신건강 문제를 종교와 영성을 통해 해결하려는 경향이 있습니다(Cheon et al., 2016; Lee et al., 2008). 부모들은 종종 정신건강 치료나 요구

사항을 목회자에게 요청하거나 믿음과 기도를 통한 치료에 의존하려는 경향을 보입니다(Zhang et al., 2017).

그리고 한인 목회자들은 정신건강에 대한 전문적인 지식이 부족하여 (Jang et al., 2017) 청소년들을 효과적으로 도와주지 못하는 상황이 발생하고 있습니다. 그 결과, 청소년들은 목회자들이 정신건강 문제에 대한 인식이 부족하며, 치료를 받는 것에 대해 부정적인 태도를 보이고 있음을 지적하였습니다.

이러한 현상은 한인교회 내에서 유교적인 문화가 작용하고 있음을 보여줍니다. 한인 청소년들은 교회 안에서도 모범적이고 규범적인 유교적 가르침을 중요시하며(Lee et al., 2008), 이는 한인 이민자 1세대가 그들의 유교적 문화유산을 종교적으로 계승하기 위해 한인교회를 형성해 온 배경과 관련이 있습니다(Kim, 2019). 따라서 한인 유교적이며 권위적이고 율법적인 관습이 한인 기독교 공동체에 스며들면서, 기독교 청소년의 정신건강 위기에 대한 인식과 개입에 부정적인 영향을 미치게 되었습니다.

청소년들은 한인교회의 지도자들이 정신건강 위기를 종교적이고 영적인 측면만 강조하다 보면 이러한 위기를 인식하고 치료에 접근하는 데 방해 되거나 지연된다고 언급하였습니다(Hong, 2016). 그래서 한인 문화 특성상 정신건강 문제가 발생했을 때, 일차적으로 교회에 치료를 의뢰하는 경향을 확인할 수 있었습니다(Jang et al., 2017). 결국 한인교회와 목회자의 왜곡된 정신건강 인식, 그리고 신앙을 통한 치료 접근 방식이 믿음에 대한 높은 가치를 두는 것을 반영하고 있음을 알 수 있습니다.

2. 정신건강 치료 및 회복을 위한 제안

한인 기독교 청소년들의 정신건강 위기는 한인 유교 문화, 가정, 그리고 교회의 문화와 밀접하게 연관되어 있습니다. 문화 심리학 이론에 따르면, 개인의 심리는 그 개인의 내부 상태와 주변 문화 공동체 간의 특별한 관계에서 형성됩니다(Kanagawa et al., 2001). 그래서 정신건강 위기를 겪고 있는 개인을 도우려면 그들과 관련된 문화적 연관성을 탐구하여 그들의 심리를 이해하고 지원하는 것이 필수입니다.

한인 청소년들의 정신건강 위기를 치료하기 위해서는 그들과 관련된 문화 공동체의 역할이 매우 중요합니다. 이에는 부모, 가족, 한인교회, 목회자, 기독교 상담사, 그리고 정신건강 전문가들이 포함됩니다. 이들 모두가 함께 협력하여 한인 기독교 청소년들의 정신건강 위기를 이해하고, 효과적인 치료 접근 방식을 마련하는 것을 제안합니다. 특히 영적 도움 전략을 포함한 임상 개입 및 기독교적 세계관을 적용하는 효과적인 치료 방안을 제시하는 것이 중요합니다. 이를 통해 청소년들이 더 나은 정신건강을 회복할 수 있도록 구체적이고 실질적인 권장 사항을 마련하는 것이 필요합니다.

1) 청소년의 정신건강 위기에 대한 올바른 이해의 필요성

이야기에 등장한 청소년들은 정신건강 위기 상황에서 부모들이 자신들의 고통을 이해하지 못한다고 말합니다. 이는 부모와의 갈등, 학업에 대한 흥미 저하, 발표 시의 어려움, 타인의 기대에 부응해야 한다는 압박감, 불면증, 우울증, 호흡 곤란, 음주 및 약물 의존, 그리고 자살 시도와 같은 다양한 심리적 문제로 이어졌습니다(Yoon et al., 2021). 이러한 증상들은 주변 사람들에게 정신건강 위기로 인식되기보다는 게으름, 의지 부족, 또는 신체적 질환으로 잘못 이해되는 경우가 많았으며, 이에 따라 참여자들은 전문적인 치료를 받기까지 상당한 시간이 지연되어 적절한 치료의 시기를 놓치는 경험을 하였습니다.

이 책에 등장한 청소년들은 미주 한인 기독교 이민 가정의 자녀들입니다. 그들의 부모는 신실한 기독교인이지만 정신질환을 수치스럽게 여기는 경향이 있었습니다. 그래서 청소년들에게 이들의 정신적 문제를 오직 믿음으로만 치료할 수 있다며 내면화하고 있었습니다. 이러한 신념은 청소년들이 정신 치료를 받는 것에 대한 두려움과 꺼림칙함을 느끼게 했습니다(Karlsson et al., 2020).

기독교 청소년들이 경험하는 정신건강 위기의 증상에 대한 올바른 이해를 하게 되면 부모들은 자녀의 행동을 조기에 알아차리고 개입하여 중요한 시기에 적절한 치료를 받게 됩니다. 정신건강에 대한 이해는 청소년들이 느끼는 심리적 압박감을 줄이고, 적절한 지원을 받을 수 있는 환경을 마련하는 데 기여할 수 있습니다.

2) 친밀한 정서적 관계 연결 개입의 필요성

정신건강 위기를 겪고 있는 한인 기독교 청소년들이 정신건강 전문가, 상담사, 부모, 교사, 친구 등 의미 있는 타인과 정서적 관계를 형성할 수 있도록 다각적인 개입이 필요합니다. 많은 청소년은 자신의 이야기를 부모에게 털어놓은 경험이 없거나 털어놓았더라도 부모가 이를 대수롭지 않게 여기거나 믿어 주지 않았다고 고백합니다. 이에 따라 그들은 희망을 잃고 자신에게 화가 나 있는 상태로, 타인과의 관계 형성을 어려워하고 있습니다(Jeong et al., 2018).

정신건강 위기를 겪는 기독교 청소년들은 학교에서 대인 관계로부터 고립되고, 부모로부터 이해받지 못하면서 가정에서도 혼자 시간을 보내는 경우가 많다는 연구처럼(Chae & Foley, 2010; Koh, 2018), 한인 기독교 청소년들의 우울증과 불안증이 증가하고 있으며, 이들이 자해 시도를 통해 부모의 관심을 요구하고 불만을 표현하고 있다는 점을 강조합니다.

그러나 정신 치료를 받은 청소년들은 전문가와의 상담을 통해 자신의 상황에 대해 이해와 위로를 받으며 이러한 경험이 회복에 도움이 되었다고 말하고 있습니다. 게다가 정신 치료와 상담을 통해 부모와의 관계가 개선되는 사례도 발견되었습니다. 이는 청소년들이 정신 문제를 극복하는 데 있어 전문가 상담가의 역할이 매우 중요하다는 것을 보여줍니다(McCarthy et al., 2008).

Draucker(2005)의 연구는 정신건강 위기를 겪는 청소년들이 정서적으로 고립되지 않도록 상담을 활성화할 때 회복 효과가 뛰어나다고 주장합니다. 이들의 회복에 영향을 미치는 요소로는 가족, 부모뿐만 아니라 교사와 친구들이 포함되며, 이들이 정서적 관계망을 형성하는 것이 회복에 매우 효과적이라고 할 수 있습니다.

3) 자살 위험성에 대한 개입 필요성

한인 기독교 청소년들은 정신건강에 심각한 위기를 겪고 있으며, 자해 시도를 수시로 하는 사례가 증가하고 있습니다. 이들은 지속해서 죽음을 원하는 생각에 시달리며, 때로는 날카로운 도구나 칼을 사용하여 자해를 시도하거나 높은 아파트에서 뛰어내리는 등 자살을 암시하거나 충동적인 행동을 보이기도 합니다. Cheungm(2011)는 우울과 불안이 정신건강의 위기와 관련이 있으며, 청소년이 자신을 무가치하다고 여기고, 무능력하게 느끼며, 자신의 미래를 부정적으로 생각할 때 자살 징후로 이어질 수 있다고 지적했습니다.

최근 한인 청소년들의 자살률은 심하게 증가하고 있으며(Choi & Dancy, 2009), 이는 적절한 개입의 필요성을 더욱 강조합니다. 청소년들이 정신건강 위기를 인식하는 계기는 보통 자살 시도, 자해, 혹은 정신병원 입원을 경험한 후에 이루어지곤 합니다. 그러나 이러한 심리적 증상들은 자살 위험성을 예고하는 중요한 징후로, 사전에 충분히 관찰되고 개입이 이루어져야 합니다. 특히 부모들은 정신건강 위기의 증상을 이해하고 자살 위험 신호를 조기에 감지할 수 있는 역량을 높여야 합니다. 이를 통해 자녀의 정신건강 문제를 예방하고, 적절한 지원을 제공할 수 있을 것입니다.

4) 정신건강 치료 접근의 중요성

청소년들은 정신건강 서비스에 접근함으로써 회복의 가능성을 발견할 수 있었습니다. 초기에는 자신과 가족의 부정적인 시선 속에서 수동적으로 치료를 받았지만, 치료 후에는 자신의 정체성과 회복 탄력성을 느끼게 되었다고 밝혔습니다. 이들은 치료 과정을 통해 자신에 대한 이해를 높이고, 가족 갈등을 이해하며, 관계 회복을 위해 지속해서 노력하고 있었습니다.

만약 이들이 더 일찍 치료에 접근했다면 자신의 정신건강 회복에 큰 도움이 되었을 것이라고 고백했습니다. 따라서 정신건강 문제는 수치, 낙오, 혹은 병리적 관점에서 해석되어서는 안 됩니다(Park et al., 2013). 이들의 고통은 한인 사회의 유교적 특성과 기독교적 모범 문화, 그리고 성공적인 기대 속에서 부과된 가중한 과업이 만든 결과물이라는 점에 초점을 맞출 필요가 있습니다(Bae & Wickrama, 2015).

한인 기독교 청소년들의 정신건강 위기를 해결하기 위해서는 다각적이고 전문적인 체계적인 개입이 필요합니다. 이러한 노력은 이들이 건강한 기독교인으로 성장할 수 있도록 기반을 마련해주는 데 기여할 것입니다. 즉, 정신건강 위기를 겪고 있는 한인 기독교 청소년뿐만 아니라, 한인 부모, 교회, 치료 기관, 학교 및 지역 정신건강 서비스 센터 간의 유기적인 관계 속에서 체계적인 정신건강 교육과 총체적인 인식 개선이 이루어져야 합니다. 이를 위해 효과적인 정신건강 치료의 제도적 보완도 필요합니다.

5) 기독교 상담에 대한 접근

정신건강 위기를 겪고 있는 한인 기독교 청소년에 대한 기독교 상담 및 목회 상담의 올바른 이해와 대처가 중요합니다. 기독교 청소년들은 가까운 한인교회의 목회자와 기독교 상담가로부터 변화에 민감하게 반응하며, 적절하게 치료받기를 원합니다.

많은 청소년은 부모의 한인 체면 문화(Yoon et al., 2021)로 인해 높은 신앙적 기대를 내재화하게 되었고, 이에 따라 어려움을 겪고 있습니다. 이들은 태어날 때부터 정기적으로 교회에 참석하거나 모든 교회 행사에서 모범을 보여야 한다는 압박을 받아 왔습니다. 이에 따라 기독교 청소년들은 교회의 모범적 가치관으로부터 오는 문화적, 종교적, 사회적 높은 기대 때문에 심리적 어려움을 느끼고 있습니다(Vaidyanathan et al., 2021). 결과적으로 정신건강 위기 상황에서 신앙적 치료 접근이 영적 성장에 미치는 압박감이 그들에게 큰 부담으로 작용하고 있습니다.

기독교 상담에 접근하는 데 있어 정신질환에 대한 수치심과 낙오라는 경직된 시선은 기독교 청소년의 정신건강 치료 접근을 저해할 수 있음을 인식해야 합니다(Bae & Wickrama, 2015). 기독교 상담에 대한 편견은 이들의 심리적 증상에 대한 대처를 소극적으로 만들고, 정신건강 위기 진단 후의 배제적인 태도는 소통과 관심을 원하는 청소년에게 한인교회의 부정적 선입견과 신앙 성장을 방해하는 요인이 될 수 있습니다(Kim, 2013).

기독교 상담가 및 목회 상담가는 한인 기독교 청소년의 정신건강 위기에 대한 인식과 반응에 큰 영향을 미칠 수 있습니다. 기독교 상담의 올바른 이해와 적절한 대처는 정신건강 위기를 겪고 있는 기독교 청소년들을 돕는 데 있어 매우 중요한 요소가 될 것입니다.

6) 교회의 정신건강 위기 접근 시스템

한인 기독교 청소년들은 유교적 문화 배경에 따라 교회 내에서 모범적인 신앙이 내면화되며 존재하게 되었습니다. 이러한 기독교적 문화 규범 아래에서 정신건강 문제는 잘못된 인식과 수치심을 유발하는 부정적인 믿음과 감정 표현으로 이어져 갈등이 발생하고 있습니다(Bae & Wickrama, 2015).

기독교 청소년들의 정신건강 위기에 대한 인식은 한인 목회자와 교회에서 형성되는 유교적 가치와 모범적 규범으로 인해 종교적 억압이 되어 정신건강 위기 인식의 방해 요소로 작용할 수 있습니다(Moon & Nam, 2018). 한인 기독교 청소년들은 정신건강에 대한 목회자의 관심 부족에 대해 좌절감을 느끼고 있으며, 오직 신앙으로 치료해야 한다는 강조가 그들이 겪고 있는 위기 상황에서 당혹감으로 나타났습니다. 이러한 경험은 한인 기독교 청소년의 교회 생활 부적응, 성도와의 관계에 대한 부정적 시각, 정신건강 위기에서 감정을 표현하는 데 수치심을 느끼게 하는 원인과 연결됩니다(Park et al., 2013).

그래서 정신건강에 대한 이해를 위한 교육만이 아니라 한인교회 지도자와 목회자에 대한 치료 및 상담 접근 방법에 대한 전문성 교육이 필요합니다.

즉, 한인 기독교 지도자들이 정신건강 위기에 대해 지지의 소임을 수행하고, 청소년들의 치료 접근의 첫 번째 문지기의 역할을 잘 수행할 수 있도록 지원해야 합니다. 이를 위해 교회가 상담 전문가를 양성하고 전문적인 도움을 제공하는 것이 매우 중요합니다. 이러한 노력을 통해 한인 기독교 청소년들에게 더욱 효과적인 회복 지원이 이루어질 것으로 기대됩니다.

3. 마음이 아픈 청소년의 심리적 고통과 신앙의 영향

8명의 한인 기독교 청소년들의 사례를 통해 정신건강 위기에서의 심리적 고통을 이해할 수 있었습니다. 청소년들과 그들의 부모 이야기에서 한인 유교 문화적 배경의 어려움, 한인 부모와의 갈등, 그리고 한인교회의 모범적 의무감이 정신건강 위기에 미치는 주요 요인으로 드러났습니다. 특히 사례자들은 한인 기독교인으로서 부모의 높은 신앙적 기대가 정신건강 치료 접근을 방해한다고 설명했습니다.

이 사례에서 한인 기독교 청소년들의 정신건강 위기와 그들이 속한 공동체의 삶에서 경험한 위기 인식을 분석했습니다. 청소년들은 한인교회에 적극적으로 참가했음에도 불구하고, 순수한 복음적 신앙 전달보다는 종교적 억압과 부정적인 교회 인식이 그들의 정신건강에 부정적인 영향을 미친다고 믿었습니다. 또한, 한인 이민자 부모로부터 말씀과 기도로 치유되기를 종교적으로 강요받았다고 표현했습니다.

한인 청소년들은 유교적 가치와 체면 문화의 영향, 그리고 한인교회의 특유한 모범 성이 그들의 정신건강 위기에 미치는 부정적 경험을 주고, 가족

간의 갈등과 신앙적 기반이 정신건강 치료 접근을 방해하는 주요 요인으로 작용한다고 설명했습니다. 또한 한인 기독교 리더들은 정신건강 문제에 대한 인식 부족과 전문성 결여가 문제를 악화시키며, 신앙적 가치가 중요한 부모는 정신질환에 대한 수치와 낙오로 치료 접근을 지연시킨다는 사실을 지적했습니다.

가장 두드러진 점은 청소년들은 효과적인 치료 접근에 대한 강한 열망을 보인다는 것입니다. 이에 따라 기독교 목회자, 상담가, 정신건강 전문가, 학교, 가정은 협력하여 정신건강 위기에서의 심리적 고통을 이해하고, 문화적 배경과 가족 간의 갈등, 학교 부적응, 치료 서비스 접근에 대한 오해와 편견을 재조명할 필요가 있습니다(Koh, 2018).

또한 청소년들의 정신건강 위기를 유발하는 다양한 요인이 한인 유교 문화, 한인교회의 종교적 억압과 의무, 그리고 한인 이민자 가정의 갈등이라는 점을 알게 되었습니다(Kim & Park, 2011). 그래서 정신건강 위기에 처한 한인 기독교 청소년들이 치료 서비스를 원활히 이용할 수 있도록 지원하는 일이 매우 중요합니다. 이를 위해 정신건강 문제의 증상을 조기에 인식하고 발견하며, 치료에 적극적으로 개입해야 합니다. 무엇보다도 치료를 지속할 수 있도록 가족, 특히 부모의 지원이 절실합니다.

그럼에도 불구하고 청소년 사례자들은 자살 시도의 위험한 상황에서 하나님을 향한 영적인 힘을 의지하고 있었습니다. 그들은 삶과 죽음의 경계선에서 신앙이 그들의 정신건강 위기에 대처하는 데 긍정적 도움을 주었다고 밝혔습니다. 결과적으로 신앙이 그들의 삶을 유지하는 요인으로 작용했습니다.

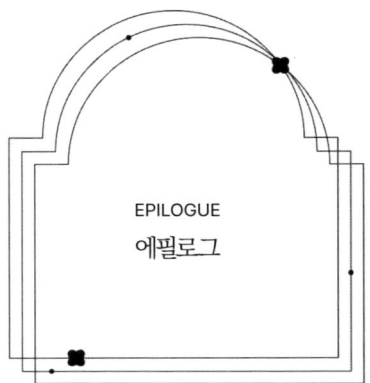

EPILOGUE
에필로그

장미꽃의 이슬처럼 오늘도 아침이 찾아옵니다

며칠 전, 자살 충동으로 고통받고 있는 한 청년의 가족에게서 상담과 기도를 요청받았습니다. 그 청년은 22살의 대학생이었고, 정신적인 고통으로 인해 학교를 중퇴하고 자신의 방에서 문을 잠그고 커튼을 치고 무기력하게 지내고 있었습니다. 그의 가족은 딸의 고통을 이해하지 못했고, 처음에는 단순히 공부하기 싫어서 그러는 것으로 생각하는 듯했습니다. 그러나 이 청년은 중학교 시절부터 자살 기도를 반복하며, 삶의 가치를 느끼지 못하고 있었습니다. 늘 죽고 싶다는 생각으로 자신을 괴롭힌 결과 그의 상태는 매우 심각해져 병원에 입원하게 되었습니다.

한국은 하루에 약 37명이 자살을 선택하고 연간 1만 4천 명이 이러한 선택을 합니다. 작은 도시 하나가 없어지는 것과 같은 일이 벌어지고 있습니다. 이는 누구나 아플 수 있고 어느 가정에서 일어날 수 있는 안타까운 현실입니다.

지금도 마음이 아픈 청소년과 청년들은 긴 어둠 속에서 아픔과 싸우고 있습니다. 자해하는 것은 '나를 봐 달라, 나를 사랑해 달라'는 절박한 외침입니다. 우리는 이러한 그들의 목소리를 잘 들어주어야 합니다. 마음이 아픈 이들은 지금 삶과 죽음의 경계를 걷고 있기에 무엇보다 용기와 위로가 필요합니다.

이 책의 사례자들은 삶과 죽음이 갈린 위기 순간에 창조주 하나님을 깊이 기억하였습니다. 그들은 어린 시절 부모님께서 들려주신 천국과 지옥의 존재를 인식하고 있었습니다. 그러한 배경 속에서 자살을 시도할 위험한 순간, 그들은 생명의 주인이신 하나님께 간절하게 외쳤습니다. 그들에게 믿음은 죽음을 초월하는 강력한 힘이 되었습니다. 결국, 믿음은 그들의 삶을 죽음에서 생명으로 변화시키는 기적이 되었습니다.

"피투성이가 되어도 살아라. 저 장미꽃의 이슬처럼." 고통을 견뎌내면 새로운 희망이 찾아올 것입니다. 장미꽃에 이슬이 맺히듯이, 긴 어둠 뒤에는 반드시 아침이 찾아올 것입니다!

감사의 글

먼저, 이 책을 완성하기 위한 나의 여정에 동행해 주신 가족, 그리고 리버티 박사학위 지도 교수님들께 감사의 말씀을 전하고 싶습니다. 나의 지도 교수인 Edgar 박사는 한인 이민자 청소년의 문화적 배경에 대한 포괄적인 문화 심리학 이론 접근 방식과 상담의 깊은 전문 지식을 확장하는 데 도움을 주었습니다. 무엇보다 가장 인상 깊었던 점은 치유를 위해서는 사람을 이해하는 일이 회복의 첫걸음이라는 점을 가르쳐주었습니다. 또한 제가 포기하고 싶을 때마다 책을 완성할 수 있도록 격려해 주시고 지지해 주셨습니다. Dr. Edgar에게 깊은 감사의 말씀을 전하고 싶습니다.

그리고 리버티 대학 박사 위원회 위원인 Phillips-Harris 박사님에게 감사의 말씀을 전하고 싶습니다. 필립 헤레스 박사님은 기독교 상담에 대한 탁월한 전문 지식과 상담 접근 방식에 대한 깊은 통찰력을 주셨습니다. Milacci 박사님께도 감사드립니다. 그의 조언에 따라 정신건강 위기 청소년들의 심리적 경험에 대해 세밀하게 접근함으로써 연구 질문을 수정하고 그에 따른 풍부한 연구 결과를 얻을 수 있었습니다.

나의 상담 멘토이신 조나단 강 박사님, 한진 박사님께 감사드립니다. 글을 쓰는 여러 위기의 여정을 극복하고 계속해서 전진할 수 있도록 도와주신 덕분에 제가 이 책을 마칠 수 있었습니다. 두 분을 통해 기독교인으로서 정직과 사랑의 헌신으로 내담자를 마치 주님을 대하듯 대할 수 있었습니다.

이 책을 완성될 수 있도록 지지와 기도, 격려를 해주신 기독교 결혼과 가정 사역 (CMF) 김철민 대표님, 글로벌가족상담(GFC) 힐링연구소 회원들에게 진심으로 감사드립니다. 한국 기독교 가정사역 공동체의 기도 덕분에 이 책을 완성할 수 있었습니다.

수년간 도움을 주신 편집자 Clark에게 깊은 감사를 표하고 싶습니다. 그의 전문적인 편집과 끊임없는 격려가 없었다면 저는 정말로 완성할 수 없었을 것입니다. Clark의 사랑과 끝없는 지원에 깊은 감사를 드립니다. 그는 하나님이 나에게 보내신 도움의 천사와 같습니다.

나의 친언니 손문숙, 형부 이문택, 그리고 조카 이재영에게 감사 인사를 전하고 싶습니다. 제가 미국에서 공부하는 동안에도 사랑과 기도, 후원으로 저를 격려해 주었습니다. 그동안 저를 충실히 격려해 준 사랑하는 남편 채형병 목사에게 깊은 감사의 말씀을 전하고 싶습니다. 사랑하는 아들 지민과 딸 지수에게도 무한한 감사와 사랑을 전하고 싶습니다. 그들의 사랑과 헌신, 지지가 없었다면 여기까지 도달할 수 없었을 것입니다.

    마지막으로 피투성이와 같은 나의 삶에 찾아오셔서 구원하시고 치료자가 되어주신 하나님께 영광을 돌립니다!

[참고문헌 References]

Bae, D., & Wickrama, K. A. S. (2015). Family socioeconomic status and academic achievement among Korean adolescents. The Journal of Early Adolescence, 35(7), 1014–1038. https://doi.org/10.1177/0272431614549627

Brook, C. A, & Schmidt, L, A. (2008). Social anxiety disorder: A review of environmental risk factors. Neuropsychiatric Disease and Treatment, 4(1), 123–143.

Chae, M. H., & Foley, P. F. (2010). Relationship of ethnic identity, acculturation, and psychological well-being among Chinese, Japanese, and Korean Americans. Journal of Counseling & Development, 88(4), 466-476. https://doi.org/10.1002/j.15566678.2010.tb00047.x

Chang, E., Lee, A., Byeon, E., & Lee, S. M (2015). Role of motivation in the relation between perfectionism and academic burnout in Korean students. Personality and Individual Differences, 82. 221-226. https://doi.org/10.1016/j.paid.2015.03.027

Chang, T. F., Han, E.-J., Lee, J.-S., & Qin, D. B. (2015). Korean American adolescent ethnic identity pride and psychological adjustment: Moderating effects of parental support and school environment. Asian American Journal of Psychology, 6(2), 190–199. https://doi.org/10.1037/aap0000016

Cheon, H. S., Chang. E., Kim, P. Y., & Hyun, J. H. (2016). Mental health disparities impacting Christian Korean Americans: A Qualitative examination of pastors' perspetives. Mental Health, Religion & Culture 19(6), 538–552.

Cheungm, M. (2011). Depressive symptoms and help-seeking behaviors among Korean Americans. International Journal of Social Welfare, 20(4), 421–429.https://doi.org/10.1111/j.1468-2397.2010.00764.x

Choi, H., & Dancy, B. L. (2009). Korean American adolescents' and their parents' perceptions of acculturative stress. Journal of Child and Adolescent Psychiatric Nursing, 22(4)203–210. https://doi.org/10.1111/j.1744-6171.2009.00200.x

Ding, D., Hofstetter, C. R., Norman, G. J., Irvin, V. L., Chhay, D., & Hovell, M. F. (2011). Measuring immigration stress of first-generation female Korean immigrants in California: Psychometric evaluation of demand of immigration scale. Ethnicity & Health,16(1), 11–24. https://doi.org/10.1080/13557858.2010.523107

Duffy, J., Rooney, B., & Matthews, J. (2021). Coaches' mental health literacy and role perceptions for supporting young people's mental health. Journal of Applied Sport Psychology, 33(1), 45–59. https://doi.org/10.1080/10413200.2019.1646840

Cypress, B. (2018). Qualitative research methods. Dimensions of Critical Care Nursing, 37 (6), 302–309. ttps://doi.org/10.1097/DCC.0000000000000322.

Draucker, C. B. (2005). Interaction patterns of adolescents with depression, and the important adults in their lives. Qualitative Health Research, 15, 942–963.

Flanigan, J. (2018). The Korean-American dream: portraits of a successful immigrant community (1st. ed.). University of Nevada Press.

Fjermestad-Noll, J., Ronningstam, E., Bach, B. S., Rosenbaum, B., & Simonsen E. (2020). Perfectionism, shame, and aggression in depressive patients with narcissistic personality disorder. Journal of Personality Disorders, (34), 25–41. https://doi.org/10.1521/pedi.2020.34.supp.25

Han, M., Cha, R., Lee, H. A., & Lee, S. E. (2017). Mental-illness stigma among Korean immigrants: Role of culture and destigmatization strategies. Asian American Journal of Psychology, 8(2), 134–141. https://doi.org/10.1037/aap0000074

Han, S., Lee, H. S., & Kataoka, S., (2023). "It's Taboo to Talk About It": Korean American clergy members' views of mental health. Culture & Mental Health Services. https://doi.org/10.1176/appi.ps.20220252

Hong, C. J. (2015). Identity, youth, and gender in the Korean American church. Palgrave Macmillan.

Jang, Y., Kim, G., Hansen, L., & Chiriboga, D. A. (2007). Attitudes of older Korean Americans toward mental health services. Journal of The American Geriatrics Society, 55(4), 616-620. https://doi.org/10.1111/j.1532-5415.2007.01125.x

Jang, Y., Park, N. S., Yoon, H., Ko, J. E., Jung, H., & Chiriboga, D. A. (2017). Mental health literacy in religious leaders: a qualitative study of Korean American Clergy. Health & Social Care in the Community, 25(2), 385–393. https://doi.org/10.1111/hsc.12316

Jeong, Y. M., McCreary, L. L., & Hughes, T. L. (2018). Qualitative study of depression literacy among Korean American parents of adolescents. Journal of Psychosocial Nursing & Mental Health Services, 56 (1), 48-56. DOI:10.3928/02793695-20170929-03

Joowon, J., & Cho, S. Y. (2020). The effects of depression, Anxiety, and parents' support on suicide ideation and attempts by gender among Korean adolescents. Journal of Child and Family Studies, 29(5), 1458–1466. https://doi.org/10.1007/s10826-020-01697-2

Kanagawa, C., Cross, S. E., & Markus, H. R. (2001). "Who Am I?" The cultural psychology of the conceptual self. Personality & Social Psychology Bulletin, 27(1), 90–103. https://doi.org/10.1177/0146167201271008

Karlsson, J., Eriksson, T., Lindahl, B., & Fridh, I. (2020). Family members' lived experiences when a loved one undergoes an inter-hospital intensive care unit-to-unit transfer: A phenomenological hermeneutical study. Journal of Clinical Nursing, 29(19-20), 3721-3730. https://doi.org/10.1111/jocn.15402

Kang, H., Okazaki, S., Abelmann, N., & Kim-Prieto, C. (2010). Redeeming immigrant parents: How Korean American emerging adults reinterpret their childhood. Journal of Adolescent Research, 25(3), 441–464. https://doi.org/10.1177/0743558410361371

Kim, E. (2014). Korean and Korean American adolescents' responses to literature. Journal of Adolescent & Adult Literacy, 57(8), 612-686. https://doi.org/10.1002/jaal.304

Kim, M., & Park, I. J. K. (2011). Testing the moderating effect of parent-adolescent communication on the acculturation gap-distress relation in Korean American families. Journal of Youth and Adolescence, 40(12), 1661-73. https://doi.org/10.1007/s10964-011-9648-4

Kim, S. E. (2013). The Relationship of parental attachment and Christian spirituality with intergenerational conflict between Korean-American young adults and their parents. Journal of Psychology and Theology, 41(3), 189-199.

Kim, S., & Kim, C. Y. (2017). Korean American adolescents' depression and religiousness/spirituality: Are there gender differences? Current Psychology, 36(4). http://dx.doi.org/10.1007/

Kim, S. C. (2019). Korean Americans and the changing face of twentieth-century Catholic immigration. U.S. Catholic Historian, 37(3), 77-98. https://doi.org/10.1353/cht.2019.0018.

King James Bible. (2017). King James Bible Online https://www.kingjamesbibleonline.org/(Original work published 1769)

Koh, E. (2018). Prevalence and predictors of depression and anxiety among Korean Americans. Social Work in Public Health, 33(1), 55-69. https://doi.org/10.1080/19371918.2017.141517

Lecloux, M., Maramaldi, P., Thomas, K., & Wharff, E. (2016). Family support and mental health service use among suicidal adolescents. Journal of Child and Family Studies, 25(8),2597–2606. https://doi.org/10.1007/s10826-016-0417-6

Lee, H. B., Hanner, J. A., Cho, S. J., Han, H. R., & Kim, M. T. (2008). Improving access to mental health services for Korean American immigrants: moving toward a community partnership between religious and mental health services. Psychiatry investigation, 5(1), 14–20. https://doi.org/10.4306/pi.2008.5.1.14

Lee, Y., Park, S., Roh, S., Koenig, H. G., & Yoo, G. J. (2017). The Role of religiousness/spirituality and social networks in predicting depressive symptoms among older Korean Americans. Journal of Cross-Cultural Gerontology, 32(2), 239-254. https://doi.org/10.1007/s10823-017-9317-5

McCarthy, J., Downes, E. J., & Sherman, C. A. (2008). Looking back at adolescent depression: A qualitative study. Journal of Mental Health Counseling, 30(1), 49–68.

Moon, H., & Nam, J., (2018). Study of the effect of Chinese Confucian ideas on Korean youth education and culture and teaching method – Based on the Data of University Students. The New Educational Review, 54(4), 51–61. https://doi.org/10.15804/tner.2018.54.4.04

Osenk, I., Williamson, P., & Wade, T. D. (2020). Does perfectionism or pursuit of excellence contribute to successful learning? A meta-analytic review. Psychological Assessment, 32(10), 972–983. https://doi.org/10.1037/pas0000942

Park, N. S., Jang, Y., & Chiriboga, D. A. (2018). Willingness to use mental health counseling and antidepressants in older Korean Americans: the role of beliefs and stigma about depression. Ethnicity & Health, 23(1), 97–110. https://doi.org/10.1080/13557858.2016.1246429

Park, S. Y., Cho, S., Park, Y., Bernstein, K. S., & Shin, J. K. (2013). Factors associated with mental health service utilization among Korean American immigrants. Community Mental Health Journal, 49(6), 765-773. https://doi.org/10.1007/s10597-013-9604-8

Seo, S., & Koro-Ljungberg, M. (2005). A Hermeneutical study of older Korean graduate students' experiences in American higher education: From Confucianism to western educational values. Journal of Studies in International Education, 9(2), 164–187. https://doi.org/10.1177/1028315305274695

Shin, J. Y., Thomas D., & Dill, C. A. (2018). Bullying and discrimination experiences among Korean-American junior high school students. Romanian Journal of Applied Psychology, 20 (2), 28–36.

Shiraev, E. B. & Leary, D. A. (2020). Cross-cultural psychology: Critical thinking and contemporary applications. Routledge.

Smith, M. M., Saklofske, D. H., Stoeber, J., & Sherry, S. B. (2016). The big three perfectionism scale. Journal of Psychoeducational Assessment, 34(7), 670–687. https://doi.org/10.1177/0734282916651539

Son, A. (2020). Racism as a heightening factor in the high rate of depression among Korean American youth & young Adults (KAY&YA). In: Son, A. (Eds) Pastoral care in a Korean American context (pp.117–133). Asian Christianity in the Diaspora. Palgrave, Macmillan. https://doi.org/10.1007/978-3-030-48575-7_8 (81p. shin 2010)

Son, A. (2020). Pastoral care in a Korean American context. Palgrave Macmillan. https://doi.org/10.1007/978-3-030-48575-7

Son, I. (2019). Culture, race, and perceived mobility among adult children of Korean immigrants in the United States. Korea Journal, 59(1), 188–211. https://doi.org/10.25024/kj.2019.59.1.188

van Manen, M. (2014). Phenomenology of practice: Meaning-giving methods in phenomenological research and writing. Walnut Creek.

Vaidyanathan, b., Charles, J., Nguyen, T., & Brodsky, S. (2021). Religious leaders' trust in mental health professionals. Mental Health, Religion & Culture, 24(9), 948–960. https://doi.org/10.1080/13674676.2016.1213712

Woo, Y. M. (2019). Christian suicide family in Korean Chemyun culture self-psychological understanding of shame and Christian counseling, Korean Evangelical Counseling Association, 27(2), 171-200.

World Health Organization. (2008). Social cohesion for mental well-being among adolescents. World Health Organization. Retrieved September 11, 2023, https://apps.who.int/iris/handle/10665/345359

World Health Organization. (2021, November 17). Adolescent mental health. Retrieved September 11, 2023, https://www.who.int/news-room/fact-sheets/detail/adolescent-mental-health

World Health Organization. (2022, June 8). Mental disorders. Retrieved September 11, 2023, https://www.who.int/news-room/fact-sheets/detail/mental-disorders

Wu, S., Wang, X., Wu, Q., Zhai, F., & Gao, Q. (2017). Acculturation-based family conflict: A validation of Asian American family conflict scale among Chinese Americans. PsyCh 242 Journal, 6(4), 294-302. https://doi.org/10.1002/pchj.183

Wyatt, L. C., Ung, T., Park, R., Kwon, S. C., & Trinh-Shevrin, C. (2015). Risk factors of suicide and depression among Asian American, native Hawaiian, and pacific islander youth: A systematic literature review. Journal of Health Care for the Poor and Underserved, 26(2), 191-237. https://doi.org/10.1353/hpu.2015.0059

Yoo, H., & Kim, N. (2020). Factors associated with lifestyle habits and mental health p r o b l e m s in Korean adolescents: The Korea national health and nutrition examination survey 2017-2018. International Journal of Environmental Research and Public Health, 17(24), 9418. https://doi.org/10.3390/ijerph17249418

Yoon, A. S., Moon, S. S., & Son, H. (Eds.). (2021). Understanding Korean Americans' mental health: A guide to culturally competent practices, program developments, and policies. Lexington Books/Fortress Academic.

Zhang, J. (2019). The strain theory of suicide. Journal of Pacific Rim Psychology, 13. https://doi.org/10.1017/prp.2019.19